कथा संसार

D1678842

सम्पादक मंडल

डॉ. बाबू जोसफ
सह-आचार्य व अध्यक्ष, हिन्दी विभाग,
के.ई. कॉलेज, मन्नानम, कोट्टयम

डॉ. पी. प्रनीता
सहायक आचार्या, हिन्दी विभाग,
महाराजास कॉलेज, एरनाकुलम

डॉ. ए.एस. सुमेष
सहायक आचार्य व अध्यक्ष, हिन्दी विभाग,
एम.ई.एस. अस्माबी कॉलेज, कोडून्गल्लुर

चयन समिति

डॉ. हरीन्द्रन सी.पी.
सह-आचार्य व अध्यक्ष,
संत सेवियेर्स कॉलेज, वैक्कम

डॉ. जोइस टॉम
सहायक आचार्य व अध्यक्ष,
पावनात्मा कॉलेज, मुरिक्काशेरी

डॉ. मेर्ली के पुन्नुस
सहायक आचार्या,
संत स्टीफेन्स कॉलेज, उषवूर

डॉ. अनीष सिरियक
सहायक आचार्य,
संत थॉमस कॉलेज, पाला

डॉ. नवीना जे.
सहायक आचार्या,
बी.सी.एम. कॉलेज, कोट्टयम

डॉ. अजिता वी.आर.
सह-आचार्या,
हेनरी बककर कॉलेज, मेलुकाव

डॉ. शोभिता सेबस्टियन
सहायक आचार्या,
संत जोसफ कॉलेज, मूलमट्टम

डॉ. प्रिया ए.
सहायक आचार्या,
के.जी. कॉलेज, पामपाडी, कोट्टयम

डॉ. सांटी जोसफ
सहायक आचार्या,
संत अलोष्यस कॉलेज, इडत्वा

डॉ. दिनिमोल एन. डी.
सहायक आचार्या,
संत थॉमस कॉलेज, पाला

कथा संसार

सम्पादक मंडल
डॉ. बाबू जोसफ
डॉ. पी. प्रनीता
डॉ. ए.एस. सुमेष

वाणी प्रकाशन
प्रकाशन के उत्कृष्टतम 60 वर्ष

vaniprakashan.com

पहला संस्करण : 2017
दूसरा संस्करण : 2023

वाणी प्रकाशन

4695, 21-ए, दरियागंज, नयी दिल्ली-110 002

फ़ोन : +91 11 23273167, 23275710

शाखाएँ

अशोक राजपथ, पटना-800 004, बिहार
कॉफ़ी हाउस कैम्पस, महात्मा गांधी मार्ग, इलाहाबाद-211 001, उत्तर प्रदेश
महात्मा गांधी अन्तरराष्ट्रीय हिन्दी विश्वविद्यालय, वर्धा-442 001, महाराष्ट्र
36/ए, शेक्सपियर सरणी, रानी बिरला गर्ल्स कॉलेज के पास, कोलकाता-700 017, प. बंगाल

sales@vaniprakashan.in
vaniprakashan@gmail.com

Katha-Sansar

Edited by Dr. Babu Joeph, Dr. P. Pranita, Dr. A.S. Sumesh
Mahatma Gandhi Vishwavidyalaya, Kottayam

ISBN : 978-93-87409-54-5

© सुरक्षित

मूल्य : ₹ 60

इस पुस्तक के किसी भी अंश को किसी भी माध्यम में उपयोग करने के लिए प्रकाशक से लिखित अनुमति लेना अनिवार्य है।

आर. टेक ऑफ़सेट प्रिंटर्स, दिल्ली-110 032 में मुद्रित

वाणी प्रकाशन का लोगो मक़बूल फ़िदा हुसेन की कूची से

अनुक्रम

प्रेमचन्द

हिन्दी साहित्य जगत में कथा-सम्राट के नाम से प्रसिद्ध प्रेमचन्द का जन्म वाराणसी के पास लमही नामक गाँव में हुआ। उनका वास्तविक नाम धनपतराय था। मध्यमवर्गीय कृषक परिवार में जन्मे प्रेमचन्द का जीवन अभावों से पूर्ण रहा। विपत्ति और उससे लड़ने की ताकत उन्हें जीवन से मिली।

प्रेमचन्द की प्रारम्भिक शिक्षा उर्दू में हुई। साहित्य-रचना की शुरुआत उन्होंने इसी भाषा में की। वे नवाबराय के नाम से उर्दू में लिखते थे। प्रेमचन्द की पहली कहानी 'संसार का सबसे अनमोल रत्न' 1907 में 'ज़माना' पत्रिका में छपी। 1908 में उनका पहला कहानी संग्रह 'सोजे-वतन' (उर्दू) में छपा, जो राष्ट्रीय भावनाओं से पूर्ण होने के कारण जब्त कर लिया गया। इसके बाद वे 'प्रेमचन्द' नाम से हिन्दी में कहानियाँ लिखने लगे।

प्रेमचन्द का रचना-फलक अत्यन्त व्यापक है। उन्होंने तीन सौ कहानियाँ, ग्यारह उपन्यास और दो नाटकों की रचना की। उन्होंने 'ज़माना', 'माधुरी', 'जागरण' और 'हंस' पत्रिकाओं का सम्पादन किया। उनका उपन्यास 'गोदान' न केवल हिन्दी वरन् विश्व साहित्य के श्रेष्ठतम उपन्यासों में गिना जाता है। गोदान के अतिरिक्त 'सेवासदन', 'निर्मला', 'ग़बन', 'कर्मभूमि', 'रंगभूमि' आदि उनके प्रमुख उपन्यास हैं।

कहानीकार के रूप में प्रेमचन्द हिन्दी साहित्य का मूल स्तम्भ रहे हैं। उन्होंने ही हिन्दी कहानी को शैशव से प्रौढ़ावस्था तक पहुँचाया। उनके प्रमुख कहानी संग्रह हैं—'सप्त सरोज', 'नमक का दारोगा', 'प्रेम प्रसून', 'प्रेम द्वादशी', 'प्रेमतीर्थ', 'प्रेम प्रतिज्ञा', 'समरयात्रा', 'पंच प्रसून' आदि। उनकी सभी कहानियों का संग्रह 'मानसरोवर' के नाम से आठ भागों में प्रकाशित हुआ है।

ईदगाह

प्रेमचन्द ने बाल-मनोविज्ञान पर आधारित कई बहुत खूबसूरत कहानियाँ लिखी हैं, यथा 'गुल्ली-डंडा', 'ईदगाह' आदि। 'ईदगाह' कहानी में बालक हामिद और उसके अन्य साथियों के स्वभाव का बड़ा स्वाभाविक और मनोवैज्ञानिक चित्रण तो प्रेमचन्द करते ही हैं, साथ ही वे इस समाज का गरीबी की भी मार्मिक चित्रण कर सके हैं। अमीना एक वर्ग विशेष की गरीबी का परिचय देती हुई एक प्रतिनिधि चरित्र बन जाती है। गरीबी की मार से बेखबर बालक हामिद की ईदगाह के मेले में जाने की जिद, उसका उत्साह, मेले के लिए बुढ़िया दादी अमीना का तीन पैसे जुटाना, इन तीन पैसों को जेब के लिए पूरे मेले में कभी यह खरीदने, कभी वह खरीदने की बालक की ललक, फिर अन्त में चिमटा खरीदना, और बच्चों के खिलौनों से बालकों द्वारा ही आपस में तुलना। बुढ़िया अमीना का चिमटा देखकर सिर पीट लेना और फिर हामिद पर ममता उमड़ आना—सभी बड़े मार्मिक रूप में कहानी को अविस्मरणीय बना देते हैं।

ईदगाह

प्रेमचन्द

रमज़ान के पूरे तीस रोज़ों के बाद आज ईद आयी है। कितना मनोहर, कितना सुहावना प्रभात है। वृक्षों पर कुछ अजीब हरियाली है, खेतों में कुछ अजीब रौनक है, आसमान पर कुछ अजीब लालिमा है। आज का सूर्य देखो, कितना प्यारा, कितना शीतल है मानो संसार को ईद की बधाई दे रहा है। गाँव में कितनी हलचल है। ईदगाह जाने की तैयारियाँ हो रही हैं। किसी के कुरते में बटन नहीं है। पड़ोस के घर से सुई-धागा लेने दौड़ा जा रहा है। किसी के जूते कड़े हो गये हैं। उनमें तेल डालने के लिए तेली के घर भागा जाता है। जल्दी-जल्दी बैलों को सानी-पानी दे दें। ईदगाह से लौटते-लौटते दोपहर हो जायेगी। तीन कोस का पैदल रास्ता, फिर सैकड़ों आदमियों से मिलना-भेंटना। दोपहर के पहले लौटना असम्भव है। लड़के सबसे ज्यादा प्रसन्न हैं। किसी ने एक रोज़ा रखा है, वह भी दोपहर तक, किसी ने वह भी नहीं; लेकिन ईदगाह जाने की खुशी उनके हिस्से की चीज है। रोज़े बड़े-बूढ़ों के लिए होंगे। उनके लिए तो ईद है। रोज़ ईद का नाम रटते थे। आज वह आ गयी। अब जल्दी पड़ी है कि लोग ईदगाह क्यों नहीं चलते। इन्हें गृहस्थी की चिन्ताओं से क्या प्रयोजन! सेवैयों के लिए दूध और शक्कर घर में है या नहीं, इनकी बला से, ये तो सेवैयाँ खायेंगे। वह क्या जानें कि अब्बाजान क्यों बदहवास चौधरी कायम अली के घर दौड़े जा रहे हैं। उन्हें क्या ख़बर कि चौधरी आज आँखें बदल लें, तो यह सारी ईद मुहर्रम हो जाये। उनकी अपनी जेबों में तो कुबेर का धन भरा हुआ है। बार-बार जेब से अपना खजाना निकालकर गिनते हैं और खुश होकर फिर रख लेते हैं। महमूद गिनता है, एक-दो, दस-बारह। उसके पास बारह पैसे हैं। मोहसिन के पास एक, दो, तीन, आठ, नौ, पन्द्रह पैसे हैं। इन्हीं अनगिनती के पैसों में अनगिनती की चीजें लायेंगे–खिलौने,

मिठाइयाँ, बिगुल, गेंद और न जाने क्या-क्या। और सबसे ज्यादा प्रसन्न है हामिद। वह चार-पाँच साल का गरीब-सूरत, दुबला-पतला लड़का, जिसका बाप गत वर्ष हैजे की भेंट हो गया और माँ न जाने क्यों पीली होती-होती एक दिन मर गयी। किसी को पता न चला, क्या बीमारी है। कहती भी तो कौन सुनने वाला था। दिल पर जो कुछ बीतती थी, वह दिल में ही सहती थी और जब न सहा गया तो संसार से बिदा हो गयी। अब हामिद अपनी बूढ़ी दादी अमीना की गोद में सोता है और उतना ही प्रसन्न है। उसके अब्बाजान रुपये कमाने गये हैं। बहुत-सी थैलियाँ लेकर आयेंगे। अम्मीजान अल्लाह मियाँ के घर से उसके लिए बड़ी अच्छी-अच्छी चीजें लाने गयी हैं; इसलिए हामिद प्रसन्न है। आशा तो बड़ी चीज है, और फिर बच्चों की आशा! उनकी कल्पना तो राई का पर्वत बना लेती है। हामिद के पाँव में जूते नहीं हैं, सिर पर एक पुरानी-धुरानी टोपी है, जिसका गोट काला पड़ गया है, फिर भी वह प्रसन्न है। जब उसके अब्बाजान थैलियाँ और अम्मीजान नियामतें लेकर आयेंगी, तो वह दिल के अरमान निकाल लेगा। तब देखेगा महमूद, मोहसिन, नूरे और सम्मी कहाँ से उतने पैसे निकालेंगे। अभागिन अमीना अपनी कोठरी में बैठी रो रही है। आज ईद का दिन और उसके घर में दाना नहीं! आज आबिद होता तो क्या इसी तरह ईद आती और चली जाती! इस अन्धकार और निराशा में वह डूबी जा रही थी। किसने बुलाया था इस निगोड़ी ईद को। इस घर में उसका काम नहीं है, लेकिन हामिद! उसे किसी के मरने-जीने से क्या मतलब? उसके अन्दर प्रकाश है, बाहर आशा। विपत्ति अपना सारा दल-बल लेकर आये, हामिद की आनन्द-भरी चितवन उसका विध्वंस कर देगी।

हामिद भीतर जाकर दादी से कहता है, "तुम डरना नहीं अम्माँ, मैं सबसे पहले आऊँगा। बिल्कुल न डरना!"

अमीना का दिल कचोट रहा है। गाँव के बच्चे अपने-अपने बाप के साथ जा रहे हैं। हामिद के बाप अमीना के सिवा और कौन है? उसे कैसे अकेले मेले में जाने दे। उस भीड़-भाड़ में बच्चा कहीं खो जाये तो क्या हो। नहीं, अमीना उसे यों न जाने देगी। नन्ही-सी जान! तीन कोस चलेगा कैसे! पैर में छाले पड़ जायेंगे। जूते भी तो नहीं हैं। वह थोड़ी-थोड़ी दूर पर उसे गोद ले लेगी; लेकिन यहाँ सेवैयाँ कौन पकायेगा? पैसे होते तो लौटते-लौटते सब सामग्री जमा करके चटपट बना लेती। यहाँ तो घण्टों चीजें जमा करते लगेंगे। माँगे ही का तो भरोसा ठहरा। उस दिन फहीमन के कपड़े सिये थे। आठ आने पैसे मिले थे। उस अठन्नी को ईमान की तरह बचाती चली आती थी इसी ईद के लिए, लेकिन कल ग्वालन सिर पर सवार हो गयी तो क्या

करती। हामिद के लिए कुछ नहीं है, तो दो पैसे का दूध तो चाहिए ही। अब तो कुल दो आने पैसे बच रहे हैं। तीन पैसे हामिद की जेब में, पाँच अमीना के बटवे में। यही तो बिसात है और ईद का त्योहार! अल्लाह ही बेड़ा पार लगावे। धोबन और नाइन, मेहतरानी और चूड़िहारिन सभी तो आयेंगी। सभी को सेवैयाँ चाहिए और थोड़ा किसी की आँखों नहीं लगता। किस-किस से मुँह चुरायेगी। और मुँह क्या चुराये? साल भर का त्योहार है। ज़िन्दगी ख़ैरियत से रहे, उनकी तकदीर भी तो उसी के साथ है। बच्चे को ख़ुदा सलामत रखे, ये दिन भी कट जायेंगे।

गाँव से मेला चला। और बच्चों के साथ हामिद भी जा रहा था। कभी सब-के-सब दौड़कर आगे निकल जाते। फिर किसी पेड़ के नीचे खड़े होकर साथ वालों का इन्तज़ार करते। ये लोग क्यों इतना धीरे-धीरे चल रहे हैं। हामिद के पैरों में तो जैसे पर लग गये हैं। वह कभी थक सकता है! शहर का दामन आ गया। सड़क के दोनों ओर अमीरों के बगीचे हैं। पक्की चारदीवारी बनी हुई है। पेड़ों में आम और लीचियाँ लगी हुई हैं। कभी-कभी कोई लड़का कंकड़ी उठाकर आम पर निशाना लगाता है। माली अन्दर से गाली देता हुआ निकलता है। लड़के वहाँ से एक फर्लांग पर हैं। खूब हँस रहे हैं। माली को कैसे उल्लू बनाया है।

बड़ी-बड़ी इमारतें आने लगीं; यह अदालत है, यह कालेज है, यह क्लब-घर है। इतने बड़े कालेज में कितने लड़के पढ़ते होंगे? सब लड़के नहीं हैं जी! बड़े-बड़े आदमी हैं, सच उनकी बड़ी-बड़ी मूँछे हैं। इतने बड़े हो गये, अभी तक पढ़ने जाते हैं। न जाने कब तक पढ़ेंगे और क्या करेंगे इतना पढ़कर। हामिद के मदरसे में दो-तीन बड़े-बड़े लड़के हैं, बिल्कुल तीन कौड़ी के, रोज़ मार खाते हैं, काम से जी चुराने वाले। इस जगह भी उसी तरह के लोग होंगे और क्या। क्लब-घर में जादू होता है। सुना है, यहाँ मुरदे की खोपड़ियाँ दौड़ती हैं और बड़े-बड़े तमाशे होते हैं, पर किसी को अन्दर नहीं जाने देते। और यहाँ शाम को साहब लोग खेलते हैं। बड़े-बड़े आदमी खेलते हैं, मूँछों-दाढ़ी वाले और मेमें खेलती हैं, सच! हमारी अम्माँ को वह दे दो, क्या नाम है, बैट, तो उसे पकड़ ही न सकें। घुमाते ही लुढ़क न जायें।

महमूद ने कहा, ''हमारी अम्मीजान का तो हाथ काँपने लगे, अल्ला कसम!''

मोहसिन बोला, ''अम्मी मनों आटा पीस डालती हैं। जरा-सा बैट पकड़ लेंगी, तो हाथ काँपने लगे। सैकड़ों घड़े पानी रोज़ निकालती हैं। पाँच घड़े तो मेरी भैंस पी जाती है। किसी मेम को एक घड़ा पानी भरना पड़े तो आँखों तले अँधेरा आ जाये।''

महमूद—"लेकिन दौड़तीं तो नहीं, उछल-कूद तो नहीं सकतीं।"

मोहसिन—"हाँ, उछल-कूद नहीं सकतीं; लेकिन उस दिन मेरी गाय खुल गयी थी और चौधरी के खेत में जा पड़ी थी, तो अम्माँ इतनी तेज दौड़ीं कि मैं उन्हें न पा सका, सच?"

आगे चले। हलवाइयों की दुकानें शुरू हुईं। आज खूब सजी हुई थीं। इतनी मिठाइयाँ कौन खाता है? देखो न, एक-एक दुकान पर मनों होंगी। सुना है, रात को जिन्नात आकर खरीद ले जाते हैं। अब्बा कहते थे कि आधी रात को एक आदमी हर दुकान पर जाता है और जितना माल बचा होता है, वह तुलवा लेता है और सचमुच के रुपये देता है, बिल्कुल ऐसे ही रुपये।

हामिद को यकीन न आया, "ऐसे रुपये जिन्नात को कहाँ से मिल जायेंगे?"

मोहसिन ने कहा, "जिन्नात को रुपये की क्या कमी? जिस खजाने में चाहें, चले जायें। लोहे के दरवाजे तक उन्हें नहीं रोक सकते जनाब, आप हैं किस फेर में। हीरे-जवाहरात तक उनके पास रहते हैं, जिससे खुश हो गये, उसे टोकरों जवाहरात दे दिये। अभी यहीं बैठे हैं, पाँच मिनट में कहो कलकत्ता पहुँच जायें।"

हामिद ने फिर पूछा, "जिन्नात बहुत बड़े-बड़े होते होंगे?"

मोहसिन—"एक-एक आसमान के बराबर होता है जी! ज़मीन पर खड़ा हो जाये तो उसका सिर आसमान से जा लगे, मगर चाहें तो एक लोटे में घुस जायें।"

हामिद—"लोग उन्हें खुश करते होंगे? कोई मुझे वह मन्तर बता दे, तो एक जिन्न को खुश कर लूँ।"

मोहसिन—"अब यह तो मैं नहीं जानता, लेकिन चौधरी साहब के काबू में बहुत से जिन्नात हैं। कोई चीज चोरी चली जाये, चौधरी साहब उसका पता लगा देंगे और चोर का नाम भी बता देंगे। जुमराती का बछवा उस दिन खो गया था। तीस दिन हैरान हुए, कहीं न मिला। तब झख मारकर चौधरी के पास गये। चौधरी ने तुरन्त बता दिया कि मवेशीखाने में है, और वहीं मिला। जिन्नात आकर उन्हें सारे जहान की खबरें दे जाते हैं।"

अब उसकी समझ में आ गया कि चौधरी के पास क्यों इतना धन है, और क्यों उनका इतना सम्मान है।

आगे चले। यह पुलिस लाइन है। यहीं सब कानिसटिबल क़वायद करते हैं। रैटन! फाय फो! रात को बेचारे घूम-घूमकर पहरा देते हैं, नहीं तो चोरियाँ हो जायें। मोहसिन ने प्रतिवाद किया, "यह कानिसटिबल पहरा देते हैं? तभी तुम बहुत जानते हो। अजी हजरत, यही चोरी कराते हैं। शहर के जितने

चोर-डाकू हैं, सब इनसे मिले रहते हैं। रात को ये लोग चोरों से तो कहते हैं, चोरी करो और आप दूसरे मुहल्ले में जाकर 'जागते रहो! जागते रहो?' पुकारते हैं। जभी इन लोगों के पास इतने रुपये आते हैं। मेरे मामूँ एक थाने में कानिसटिबल हैं। बीस रुपया महीना पाते हैं; लेकिन पचास रुपये घर भेजते हैं। अल्ला कसम! मैंने एक बार पूछा था कि मामूँ, आप इतने रुपये कहाँ से पाते हैं? हँसकर कहने लगे–बेटा, अल्लाह देता है। फिर आप ही बोले–लोग चाहें तो एक दिन में लाखों मार लायें। हम तो इतना ही लेते हैं, जिसमें अपनी बदनामी न हो और नौकरी न चली जाये।"

हामिद ने पूछा, "यह लोग चोरी करवाते हैं तो कोई इन्हें पकड़ता नहीं?"

मोहसिन उसकी नादानी पर दया दिखाकर बोला, "अरे पागल, इन्हें कौन पकड़ेगा। पकड़ने वाला तो यह खुद है; लेकिन अल्लाह इन्हें सज़ा भी खूब देता है। हराम का माल हराम में जाता है। थोड़े ही दिन हुए, मामूँ के घर में आग लग गयी। सारी लेई-पूँजी जल गयी। एक बरतन तक न बचा। कई दिन पेड़ के नीचे सोये, अल्ला कसम! पेड़ के नीचे। फिर न जाने कहाँ से एक सौ कर्ज लाये तो बरतन-भाँडे आये।"

हामिद–"एक सौ तो पचास से ज्यादा होते हैं?"

"कहाँ पचास कहाँ एक सौ। पचास एक थैली-भर होता है। सौ तो दो थैलियों में भी न आवें।"

अब बस्ती घनी होने लगी थी। ईदगाह जाने वालों की टोलियाँ नजर आने लगीं। एक-से-एक भड़कीले वस्त्र पहने हुए। कोई इक्के-ताँगे पर सवार, कोई मोटर पर, सभी इत्र में बसे; सभी के दिलों में उमंग। ग्रामीणों का यह छोटा-सा दल अपनी विपन्नता से बेखबर, सन्तोष और धैर्य में मगन चला जा रहा था। बच्चों के लिए नगर की सभी चीजें अनोखी थीं। जिस चीज की ओर ताकते, ताकते ही रह जाते। और पीछे से बार-बार हॉर्न की आवाज होने पर भी न चेतते। हामिद तो मोटर के नीचे आते-आते बचा।

सहसा ईदगाह नजर आयी। ऊपर इमली के घने वृक्षों की छाया। नीचे पक्का फर्श है, जिस पर जाजिम बिछा हुआ है। और रोज़ेदारों की पंक्तियाँ एक के पीछे एक न जाने कहाँ तक चली गयी हैं, पक्के जगत के नीचे तक, जहाँ जाजिम भी नहीं है। नये आने वाले आकर पीछे की कतार में खड़े हो जाते हैं। आगे जगह नहीं है। यहाँ कोई धन और पद नहीं देखता। इस्लाम की निगाह में सब बराबर हैं। इन ग्रामीणों ने भी वज़ू किया और पिछली पंक्ति में खड़े हो गये। कितना सुन्दर संचालन है, कितनी सुन्दर व्यवस्था! लाखों सिर एक साथ सिजदे में झुक जाते हैं, फिर सब-के-सब एक साथ खड़े हो

जाते हैं, एक साथ झुकते हैं और एक साथ घुटनों के बल बैठ जाते हैं। कई बार यही क्रिया होती है, जैसे बिजली की लाखों बत्तियाँ एक साथ प्रदीप्त हों और एक साथ बुझ जायें, और यही क्रम चलता है। कितना अपूर्व दृश्य था, जिसकी सामूहिक क्रियाएँ, विस्तार और अनन्तता हृदय को श्रद्धा, गर्व और आत्मानन्द से भर देती थीं मानो भ्रातृत्व का एक सूत्र इन समस्त आत्माओं को एक लड़ी में पिरोये हुए है।

□□

नमाज़ खत्म हो गयी है। लोग आपस में गले मिल रहे हैं। तब मिठाई और खिलौने की दुकानों पर धावा होता है। ग्रामीणों का यह दल इस विषय में बालकों से कम उत्साही नहीं है। यह देखो, हिंडोला है। एक पैसा देकर चढ़ जाओ। कभी आसमान पर जाते हुए मालूम होंगे, कभी ज़मीन पर गिरते हुए। यह चर्खी है, लकड़ी के हाथी, घोड़े, ऊँट छड़ों से लटके हुए हैं। एक पैसा देकर बैठ जाओ और पच्चीस चक्करों का मजा लो। महमूद और मोहसिन, नूरे और सम्मी इन घोड़ों और ऊँटों पर बैठते हैं। हामिद दूर खड़ा है। तीन ही पैसे तो उसके पास हैं। अपने कोष का तिहाई जरा-सा चक्कर खाने के लिए नहीं दे सकता।

सब चर्खियों से उतरते हैं। अब खिलौने लेंगे। इधर दुकानों की कतार लगी हुई है। तरह-तरह के खिलौने हैं—सिपाही और गुजरिया, राजा और वकील, भिश्ती और धोबिन और साधू। वाह! कितने सुन्दर खिलौने हैं। अब बोला ही चाहते हैं। महमूद सिपाही लेता है, खाकी वर्दी और लाल पगड़ी वाला, कन्धे पर बन्दूक रखे हुए। मालूम होता है, अभी क़वायद किये चला आ रहा है। मोहसिन को भिश्ती पसन्द आया। कमर झुकी है, ऊपर मशक रखे हुए है। मशक का मुँह एक हाथ से पकड़े हुए है। कितना प्रसन्न है! शायद कोई गीत गा रहा है। बस, मशक से पानी उँडेलना ही चाहता है। नूरे को वकील से प्रेम है। कैसी विद्वत्ता है उसके मुख पर! काला चोगा, नीचे सफेद अचकन, अचकन के सामने की जेब में घड़ी, सुनहरी जंजीर, एक हाथ में कानून का पोथा लिए हुए। मालूम होता है, अभी किसी अदालत से जिरह या बहस किये चला आ रहा है। यह सब दो-दो पैसे के खिलौने हैं। हामिद के पास कुल तीन पैसे हैं; इतने महँगे खिलौने वह कैसे ले? खिलौना कहीं हाथ से छूट पड़े, तो चूर-चूर हो जाये। जरा पानी पड़े तो सारा रंग धुल जाये। ऐसे खिलौने लेकर वह क्या करेगा; किस काम के!

मोहसिन–"मेरा भिश्ती रोज़ पानी दे जायेगा; साँझ-सबेरे।"

महमूद–"और मेरा सिपाही घर का पहरा देगा। कोई चोर आवेगा, तो फौरन बन्दूक से फैर कर देगा!"

नूरे–"और मेरा वकील खूब मुकदमा लड़ेगा।"

सम्मी–"और मेरी धोबिन रोज़ कपड़े धोयेगी।"

हामिद खिलौनों की निन्दा करता है, "मिट्टी ही के तो हैं, गिरें तो चकनाचूर हो जायें।" लेकिन ललचाई हुई आँखों से खिलौनों को देख रहा है और चाहता है कि जरा देर के लिए उन्हें हाथ में ले सकता। उसके हाथ अनायास ही लपकते हैं : लेकिन लड़के इतने त्यागी नहीं होते, विशेषकर जब अभी नया शौक है। हामिद ललचाता रह जाता है।

खिलौनों के बाद मिठाइयाँ आती हैं। किसी ने रेवड़ियाँ ली हैं, किसी ने गुलाबजामुन, किसी ने सोहनहलुआ। मजे से खा रहे हैं। हामिद उनकी बिरादरी से पृथक है। अभागे के पास तीन पैसे हैं। क्यों नहीं कुछ लेकर खाता? ललचायी आँखों से सबकी ओर देखता है।

मोहसिन कहता है, "हामिद, रेवड़ी ले जा, कितनी खुशबूदार है!"

हामिद को सन्देह हुआ, यह केवल क्रूर विनोद है, मोहसिन इतना उदार नहीं है; लेकिन यह जानकर भी वह उसके पास जाता है। मोहसिन दोने से एक रेवड़ी निकालकर हामिद की ओर बढ़ाता है। हामिद हाथ फैलाता है। मोहसिन रेवड़ी अपने मुँह में रख लेता है। महमूद, नूरे और सम्मी खूब तालियाँ बजा-बजाकर हँसते हैं। हामिद खिसिया जाता है।

मोहसिन–"अच्छा, अबकी ज़रूर देंगे हामिद, अल्ला कसम! ले जाव।"

हामिद–"रखे रहो। क्या मेरे पास पैसे नहीं हैं?"

सम्मी–"तीन ही पैसे तो हैं। तीन पैसे में क्या-क्या लोगे?"

महमूद–"हमसे गुलाबजामुन ले जाव हामिद। मोहसिन बदमाश है।"

हामिद–"मिठाई कौन बड़ी नेमत है। किताब में इसकी कितनी बुराइयाँ लिखी हैं।"

मोहसिन–"लेकिन दिल में कह रहे होंगे कि मिले तो खा लें। अपने पैसे क्यों नहीं निकालते?"

महमूद–"हम समझते हैं इसकी चालाकी। जब हमारे सारे पैसे खर्च हो जायेंगे, तो हमें ललचा-ललचाकर खायेगा।"

मिठाइयों के बाद कुछ दुकानें लोहे की चीजों की हैं। कुछ गिलट और कुछ नकली गहनों की। लड़कों के लिए यहाँ कोई आकर्षण न था। वह सब आगे बढ़ जाते हैं। हामिद लोहे की दुकान पर रुक जाता है। कई चिमटे रखे

हुए थे। उसे ख़याल आया, दादी के पास चिमटा नहीं है। तवे से रोटियाँ उतारती है, तो हाथ जल जाता है; अगर वह चिमटा ले जाकर दादी को दे दे, तो वह कितनी प्रसन्न होंगी? फिर उनकी उँगलियाँ कभी न जलेंगी। घर में एक काम की चीज हो जायेगी। खिलौने से क्या फायदा। व्यर्थ में पैसे खराब होते हैं। जरा देर ही तो खुशी होती है। फिर तो खिलौनों को कोई आँख उठाकर नहीं देखता। या तो घर पहुँचते-पहुँचते टूट-फूट बराबर हो जायेंगे या छोटे बच्चे जो मेले में नहीं आये हैं, ज़िद करके ले लेंगे और तोड़ डालेंगे। चिमटा कितने काम की चीज है। रोटियाँ तवे से उतार लो, चूल्हें में सेंक लो। कोई आग माँगने आवे तो चटपट चूल्हे से आग निकालकर उसे दे दो। अम्माँ बेचारी को कहाँ फुर्सत है कि बाजार आयें, और इतने पैसे ही कहाँ मिलते हैं! रोज़ हाथ जला लेती है। हामिद के साथी आगे बढ़ गये हैं। सबील पर सब-के-सब शर्बत पी रहे हैं। देखो, सब कितने लालची हैं। इतनी मिठाइयाँ लीं, मुझे किसी ने एक भी न दी। उस पर कहते हैं, मेरे साथ खेलो। मेरा यह काम करो। अब अगर किसी ने कोई काम करने को कहा, तो पूछूँगा। खायें मिठाइयाँ, आप मुँह सड़ेगा, फोड़े-फुन्सियाँ निकलेंगी, आप ही ज़बान चटोरी हो जायेगी। तब घर के पैसे चुरायेंगे और मार खायेंगे। किताब में झूठी बातें थोड़े ही लिखी हैं। मेरी ज़बान क्यों खराब होगी? अम्मा चिमटा देखते ही दौड़कर मेरे हाथ से ले लेंगी और कहेंगी—मेरा बच्चा अम्माँ के लिए चिमटा लाया है! हजारों दुआएँ देंगी। फिर पड़ोस की औरतों को दिखायेंगी। सारे गाँव में चरचा होने लगेगी, हामिद चिमटा लाया है। कितना अच्छा लड़का है। इन लोगों के खिलौनों पर कौन इन्हें दुआएँ देगा। बड़ों की दुआएँ सीधे अल्लाह के दरबार में पहुँचती हैं, और तुरन्त सुनी जाती हैं। मेरे पास पैसे नहीं हैं। तभी तो मोहसिन और महमूद यों मिज़ाज दिखाते हैं। मैं भी इनसे मिज़ाज दिखाऊँगा। खेलें खिलौने और खायें मिठाइयाँ। मैं नहीं खेलता खिलौने, किसी का मिज़ाज क्यों सहूँ। मैं गरीब सही, किसी से कुछ माँगने तो नहीं जाता। आखिर अब्बाजान कभी-न-कभी आयेंगे। अम्माँ भी आयेंगी ही। फिर इन लोगों से पूछूँगा कितने खिलौने लोगे? एक-एक को टोकरियों खिलौने दूँ और दिखा दूँ कि दोस्तों के साथ इस तरह सलूक किया जाता है। यह नहीं कि एक पैसे की रेवड़ियाँ लीं तो चिढ़ा-चिढ़ाकर खाने लगे। सब-के-सब खूब हँसेंगे कि हामिद ने चिमटा लिया है। हँसें। मेरी बला से। उसने दुकानदार से पूछा, ‘‘यह चिमटा कितने का है?’’

दुकानदार ने उसकी ओर देखा और कोई आदमी साथ न देखकर कहा, ‘‘यह तुम्हारे काम का नहीं है जी?’’

"बिकाऊ क्यों नहीं है। और यहाँ क्यों लाद लाये हैं?"

"बिकाऊ है?"

"तो बताते क्यों नहीं, कै पैसे का है?"

"छै पैसे लगेंगे।"

"हामिद का दिल बैठ गया।"

"ठीक-ठीक पाँच पैसे लगेंगे, लेना हो लो, नहीं चलते बनो।"

हामिद ने कलेजा मजबूत करके कहा, "तीन पैसे लोगे?"

यह कहता हुआ वह आगे बढ़ गया कि दुकानदार की घुड़कियाँ न सुने। लेकिन दुकानदार ने घुड़कियाँ नहीं दीं। बुलाकर चिमटा दे दिया। हामिद ने उसे इस तरह कन्धे पर रखा मानो बन्दूक है और शान से अकड़ता हुआ संगियों के पास आया। जरा सुनें, सब-के-सब क्या-क्या आलोचनाएँ करते हैं।

मोहसिन ने हँसकर कहा, "यह चिमटा क्यों लाया पगले; इसे क्या करेगा?"

हामिद ने चिमटे को ज़मीन पर पटककर कहा, "जरा अपना भिश्ती ज़मीन पर गिरा दो। सारी पसलियाँ चूर-चूर हो जायें बच्चा की।"

महमूद बोला, "तो यह चिमटा कोई खिलौना है?"

हामिद–"खिलौना क्यों नहीं? अभी कन्धे पर रखा, बन्दूक हो गयी। हाथ में लिया, फकीरों का चिमटा हो गया। चाहूँ तो इससे मजीरे का काम ले सकता हूँ। एक चिमटा जमा दूँ तो तुम लोगों के सारे खिलौनों की जान निकल जाये। तुम्हारे खिलौने कितना ही जोर लगावें, वे मेरे चिमटे का बाल भी बाँका नहीं कर सकते। मेरा बहादुर शेर है–चिमटा।"

सम्मी ने खँजरी ली थी। प्रभावित होकर बोला, "मेरी खँजरी से बदलोगे? दो आने की है।"

हामिद ने खँजरी की ओर उपेक्षा से देखा, "मेरा चिमटा चाहे तो तुम्हारी खँजरी का पेट फाड़ डाले। बस, एक चमड़े की झिल्ली लगा दी, ढब-ढब बोलने लगी। जरा-सा पानी लग जाये तो खतम हो जाये। मेरा बहादुर चिमटा आग में, पानी में, तूफान में बराबर डटा खड़ा रहेगा।"

चिमटे ने सभी को मोहित कर लिया; लेकिन अब पैसे किसके पास धरे हैं! फिर मेले से दूर निकल आये हैं, नौ कब के बज गये, धूप तेज हो रही है। घर पहुँचने की जल्दी हो रही थी। बाप से जिद भी करें, तो चिमटा नहीं मिल सकता है। हामिद है बड़ा चालाक। इसीलिए बदमाश ने अपने पैसे बचा रखे थे!

अब बालकों के दो दल हो गये हैं। मोहसिन, महमूद, सम्मी और नूर एक तरफ हैं, हामिद अकेला दूसरी तरफ। शास्त्रार्थ हो रहा है। सम्मी तो विधर्मी हो गया। दूसरे पक्ष से जा मिला; लेकिन मोहसिन, महमूद और नूरे भी हामिद

से एक-एक, दो-दो साल बड़े होने पर भी हामिद के आघातों से आतंकित हो उठे हैं। उसके पास न्याय का बल है और नीति की शक्ति। एक ओर मिट्टी है, दूसरी ओर लोहा, जो इस वक्त अपने को फौलाद कह रहा है। वह अजेय है, घातक है। अगर कोई शेर आ जाये, तो मियाँ भिश्ती के छक्के छूट जायें, मियाँ सिपाही मिट्टी की बन्दूक छोड़कर भागें, वकील साहब की नानी मर जाये, चोगे में मुँह छिपाकर ज़मीन पर लेट जायें। मगर यह चिमटा, यह बहादुर, यह रुस्तमे-हिन्द लपककर शेर की गरदन पर सवार हो जायेगा और उसकी आँखें निकाल लेगा।

मोहसिन ने एड़ी-चोटी का जोर लगाकर कहा, "अच्छा, पानी तो नहीं भर सकता।"

हामिद ने चिमटे को सीधा खड़ा करके कहा, "भिश्ती को एक डाँट बतायेगा, तो दौड़ा हुआ पानी लाकर उसके द्वार पर छिड़कने लगेगा।"

मोहसिन परास्त हो गया; पर महमूद ने कुमक पहुँचाई, "अगर बच्चा पकड़ जायें तो अदालत में बँधे-बँधे फिरेंगे। तब तो वकील साहब के ही पैरों पड़ेंगे।

हामिद इस प्रबल तर्क का जवाब न दे सका। उसने पूछा, "हमें पकड़ने कौन आयेगा?"

नूरे ने अकड़कर कहा, "यह सिपाही बन्दूक वाला।"

हामिद ने मुँह चिढ़ाकर कहा, "यह बेचारे हम बहादुर रुस्तमे-हिन्द को पकड़ेंगे! अच्छा लाओ, अभी जरा कुश्ती हो जाये। इसकी सूरत देखकर दूर से भागेंगे। पकड़ेंगे क्या बेचारे!

मोहसिन को एक नयी चोट सूझ गयी, "तुम्हारे चिमटे का मुँह रोज़ आग में जलेगा।"

उसने समझा था कि हामिद लाजवाब हो जायेगा; लेकिन यह बात न हुई। हामिद ने तुरन्त जवाब दिया, "आग में बहादुर ही कूदते हैं जनाब, तुम्हारे यह वकील, सिपाही और भिश्ती लौंडियों की तरह घर में घुस जायेंगे। आग में कूदना वह काम है, जो रुस्तमे-हिन्द ही कर सकता है।"

महमूद ने एक जोर लगाया, "वकील साहब कुर्सी-मेज पर बैठेंगे, तुम्हारा चिमटा तो बावरचीखाने में ज़मीन पर पड़ा रहेगा।"

इस तर्क ने सम्मी और नूरे को भी सजीव कर दिया। कितने ठिकाने की बात कही है पट्ठे ने। चिमटा बावरचीखाने में पड़े रहने के सिवा और क्या कर सकता है?

हामिद को कोई फड़कता हुआ जवाब न सूझा तो उसने धाँधली शुरू की, "मेरा चिमटा बावरचीखाने में नहीं रहेगा। वकील साहब कुरसी पर बैठेंगे तो

जाकर उन्हें ज़मीन पर पटक देगा और उनका कानून उनके पेट में डाल देगा।''

बात कुछ बनी नहीं। खासी गाली-गलौच थी; कानून को पेट में डालने वाली बात छा गयी। ऐसी छा गयी कि तीनों सूरमा मुँह ताकते रह गये मानो कोई धेलचा कनकौआ किसी गण्डे वाले कनकौए को काट गया हो। कानून मुँह से बाहर निकलने वाली चीज है। उसको पेट के अन्दर डाल दिया जावे, बेतुकी-सी बात होने पर भी कुछ नयापन रखती है। हामिद ने मैदान मार लिया। उसका चिमटा रुस्तमे-हिन्द है। अब इसमें मोहसिन, महमूद, नूरे, सम्मी किसी को भी आपत्ति नहीं हो सकती।

विजेता को हारने वालों से जो सत्कार मिलना स्वाभाविक है, वह हामिद को भी मिला। औरों ने तीन-तीन, चार-चार आने पैसे खर्च किये; पर कोई काम की चीज न ले सके। हामिद ने तीन पैसे में रंग जमा लिया। सच ही तो है, खिलौनों का क्या भरोसा? टूट-फूट जायेंगे। हामिद का चिमटा बना रहेगा बरसों!

सन्धि की शर्त तय होने लगी। मोहसिन ने कहा, ''जरा अपना चिमटा दो, हम भी देखें, तुम हमारा भिश्ती लेकर देखो।''

महमूद और नूरे ने भी अपने-अपने खिलौने पेश किये।

हामिद को इन शर्तों को मानने में कोई आपत्ति न थी। चिमटा बारी-बारी से सबके हाथ में गया; और उनके खिलौने बारी-बारी से हामिद के हाथ में आये। कितने खूबसूरत खिलौने हैं!

हामिद ने हारने वाले के आँसू पोंछे, ''मैं तुम्हें चिढ़ा रहा था, सच। यह लोहे का चिमटा भला इन खिलौनों की क्या बराबरी करेगा; मालूम होता है, अब बोले, अब बोले।''

लेकिन मोहसिन की पार्टी को इस दिलासे से सन्तोष नहीं होता। चिमटे का सिक्का खूब बैठ गया है। चिपका हुआ टिकट अब पानी से नहीं छूट रहा है।

मोहसिन—''लेकिन इन खिलौनों के लिए कोई हमें दुआ तो न देगा।''

महमूद—''दुआ को लिए फिरते हो। उलटे मार न पड़े। अम्माँ जरूर कहेंगी कि मेले में मिट्टी के खिलौने तुम्हें मिले?''

हामिद को स्वीकार करना पड़ा कि खिलौनों को देखकर किसी की माँ इतनी खुश न होंगी, जितनी दादी चिमटे को देखकर होंगी। तीन पैसों ही में तो उसे सब कुछ करना था, और उन पैसों के इस उपयोग पर पछतावे की बिल्कुल ज़रूरत न थी। फिर अब तो चिमटा रुस्तमे-हिन्द है और सभी खिलौनों का बादशाह।

रास्ते में महमूद को भूख लगी। उसके बाप ने केले खाने को दिये।

महमूद ने केवल हामिद को साझी बनाया। उसके अन्य मित्र मुँह ताकते रह गये। यह उस चिमटे का प्रसाद था।

□□

ग्यारह बजे सारे गाँव में हलचल मच गयी। मेले वाले आ गये। मोहसिन की छोटी बहन ने दौड़कर भिश्ती उसके हाथ से छीन लिया और मारे खुशी के जो उछली, तो मियाँ भिश्ती नीचे आ रहे और सुरलोक सिधारे। इस पर भाई-बहन में मार-पीट हुई। दोनों खूब रोये। उनकी अम्माँ यह शोर सुनकर बिगड़ीं और दोनों को ऊपर से दो-दो चाँटे और लगाये।

मियाँ नूरे के वकील का अन्त उसके प्रतिष्ठानुकूल इससे ज्यादा गौरवमय हुआ। वकील ज़मीन पर या ताक पर तो नहीं बैठ सकता। उसकी मर्यादा का विचार तो रखना ही होगा। दीवार में दो खूटियाँ गाड़ी गयीं। उन पर लकड़ी का एक पटरा रखा गया। पटरे पर कागज का कालीन बिछाया गया। वकील साहब राजा भोज की भाँति सिंहासन पर विराजे। नूरे ने उन्हें पंखा झलना शुरू किया। अदालतों में खस की टट्टियाँ और बिजली के पंखे रहते हैं। क्या यहाँ मामूली पंखा भी न हो। कानून की गर्मी दिमाग पर चढ़ जायेगी कि नहीं। बाँस का पंखा आया और नूरे हवा करने लगे। मालूम नहीं, पंखे की हवा से या पंखे की चोट से वकील साहब स्वर्गलोक से मृत्युलोक में आ रहे और उनका माटी का चोला माटी में मिल गया। फिर बड़े जोर-शोर से मातम हुआ और वकील साहब की अस्थि घूरे पर डाल दी गयी।

अब रहा महमूद का सिपाही। उसे चटपट गाँव का पहरा देने का चार्ज मिल गया; लेकिन पुलिस का सिपाही कोई साधारण व्यक्ति तो था नहीं; जो अपने पैरों चले। वह पालकी पर चलेगा। एक टोकरी आयी, उसमें कुछ लाल रंग के फटे-पुराने चिथड़े बिछाये गये, जिसमें सिपाही साहब आराम से लेटे। नूरे ने यह टोकरी उठायी और अपने द्वार का चक्कर लगाने लगे। उनके दोनों छोटे भाई सिपाही की तरफ से 'छोने वाले, जागते लहो' पुकारते चलते हैं। मगर रात तो अँधेरी ही होनी चाहिए। महमूद को ठोकर लग जाती है। टोकरी उसके हाथ से छूटकर गिर पड़ती है और मियाँ सिपाही अपनी बन्दूक लिए ज़मीन पर आ जाते हैं और उनकी एक टाँग में विकार आ जाता है। महमूद को आज ज्ञात हुआ कि वह अच्छा डाक्टर है। उसको ऐसा मरहम मिल गया है, जिससे वह टूटी टाँग को आनन-फानन जोड़ सकता है। केवल गूलर का दूध चाहिए। गूलर का दूध आता है। टाँग जोड़ दी जाती है; लेकिन सिपाही को ज्यों ही खड़ा

किया जाता है, टाँग जवाब दे जाती है। शल्यक्रिया असफल हुई, तब उसकी दूसरी टाँग भी तोड़ दी जाती है। अब कम-से-कम एक जगह आराम से बैठ तो सकता है। एक टाँग से तो न चल सकता था न बैठ सकता था। अब वह सिपाही संन्यासी हो गया है। अपनी जगह पर बैठा-बैठा पहरा देता है। कभी-कभी देवता भी बन जाता है। उसके सिर का झालरदार साफा खुरच दिया गया है। अब उसका जितना रूपान्तर चाहो, कर सकते हो। कभी-कभी तो उससे बाट का काम भी लिया जाता है।

अब मियाँ हामिद का हाल सुनिए। अमीना उसकी आवाज सुनते ही दौड़ी और उसे गोद में उठाकर प्यार करने लगी। सहसा उसके हाथ में चिमटा देखकर वह चौंकी।

"यह चिमटा कहाँ था?"

"मैंने मोल लिया है।"

"कै पैसे में?"

"तीन पैसे दिये।"

अमीना ने छाती पीट ली। यह कैसा बेसमझ लड़का है कि दोपहर हुआ, कुछ खाया न पिया। लाया क्या यह चिमटा! सारे मेले में तुझे और कोई चीज न मिली, जो यह लोहे का चिमटा उठा लाया।

हामिद ने अपराधी भाव से कहा, "तुम्हारी उँगलियाँ तवे से जल जाती थीं, इसलिए मैंने इसे ले लिया।"

बुढ़िया का क्रोध तुरन्त स्नेह में बदल गया, और स्नेह भी वह नहीं, जो प्रगल्भ होता है और अपनी सारी कसक शब्दों में बिखेर देता है। यह मूक स्नेह था, खूब ठोस, रस और स्वाद से भरा हुआ। बच्चे में कितना त्याग, कितना सद्भाव और कितना विवेक है! दूसरों को खिलौने लेते और मिठाई खाते देखकर उसका मन कितना ललचाया होगा। इतना जब्त इससे हुआ कैसे? वहाँ भी उसे अपनी बुढ़िया दादी की याद बनी रही। अमीना का मन गद्गद हो गया।

और अब एक बड़ी विचित्र बात हुई। हामिद के इस चिमटे से भी विचित्र। बच्चे हामिद ने बूढ़े हामिद का पार्ट खेला था। बुढ़िया अमीना बालिका अमीना बन गयी। वह रोने लगी। दामन फैलाकर हामिद को दुआएँ देती जाती थी और आँसू की बड़ी-बड़ी बूँदें गिराती जाती थी। हामिद इसका रहस्य क्या समझता!

अज्ञेय

सच्चिदानन्द हीरानन्द वात्स्यायन 'अज्ञेय' का जन्म उत्तर प्रदेश के देवरिया जिले के कसिया गाँव के पुरातत्व विभाग के एक खुदाई शिविर में सन् 1911 में हुआ था। उन्होंने बी.एससी. के बाद एम.ए. किया। अपने विद्यार्थी-जीवन में ही ये क्रान्तिकारियों के सम्पर्क में आये और 'हिन्दुस्तान रिपब्लिकन पार्टी' के सदस्य बन गये। अंग्रेज़ सरकार विरोधी गातिविधियों के लिए इन्हें कई साल जेल में भी रहना पड़ा। सन् 1943 में वे एक कैप्टन के रूप में कोहिमा फ्रण्ट पर तैनात किये गये थे। स्वतन्त्रता के बाद कुछ समय तक इन्होंने कैलिफोर्निया विश्वविद्यालय में भारतीय संस्कृति का अध्यापन-कार्य किया। इन्होंने 'विशाल भारत', 'दिनमान', 'नया प्रतीक', 'थाट' तथा 'नवभारत टाइम्स' का सम्पादन-कार्य भी कुछ वर्षों तक किया। 'आँगन के पार द्वार' प इन्हें साहित्य अकादेमी का तथा 'कितनी नावों में कितनी बार' पर इन्हें भारतीय ज्ञानपीठ का पुरस्कार मिला है। ये समर्थ कवि, कुशल उपन्यासकार, कहानी-लेखक तथा निबन्धकार हैं।

हिन्दी की छायावादोत्तर कविता के प्रमुख हस्ताक्षरों में से एक अज्ञेय प्रयोगवाद तथा नयी कविता के प्रवर्तक हैं। इन्होंने क्रमशः 'तार सप्तक', 'दूसरा सप्तक', 'तीसरा सप्तक तथा 'चौथा सप्तक' का सम्पादन किया।

अज्ञेय अभिजातवर्गीय साहित्यकार हैं। उनकी कविता में अकेलेपन का वैभव तथा रोमाण्टिक व्यक्तिवादी विद्रोह मिलता है। मूल रूप से ये प्रेम और प्रकृति के कवि हैं। क्षणवाद, भोगवाद तथा युगजीवन की घटनाओं की प्रतिध्वनियाँ नये प्रतीकों और नये बिम्बों में ढलकर इनके काव्य को समृद्ध करती है।

अज्ञेय ने अपने प्रसिद्ध उपन्यास 'शेखर : एक जीवनी' में मनोविश्लेषण की सर्वथा नवीन शैली अपनाते हुए मानव मस्तिष्क पर प्रत्येक क्षण पड़ने वाले असंख्य संस्कारों और उनसे उत्पन्न होने वाले विचार-तरंगों को निरूपित किया है। बाह्य दृष्टि से अत्यन्त सामान्य दिखने वाली बातें भी जल में फेंकी कंकड़ी के समान मन में विचार-लहरियाँ उठा देती हैं जिनका व्यक्तित्व पर गहरा प्रभाव पड़ता है,

इस मनोवैज्ञानिक तथ्य को शेखर की जीवनी से भली प्रकार समझा जा सकता है।

प्रमुख रचनाएँ :

कविता : इत्यलम, बावरा अहेरी, हरी घास पर क्षण भर, आँगन के पार द्वार।

उपन्यास : शेखर : एक जीवनी, नदी के द्वीप।

निबन्ध : आत्मनेपद।

यात्रा-वर्णन : सहसा एक बूँद उछली।

अज्ञेय का निधन सन् 1987 में हुआ।

हीली-बोन् की बत्तखें

अज्ञेय ने कम ही कहानियाँ लिखी हैं। वे मूलतः कवि हैं। इसी कारण उनकी कहानियों में भी व्यक्ति मन की परतें रेशा-दर-रेशा खुलती जाती हैं। 'हीली-बोन् की बत्तखें' मनोवैज्ञानिक कहानी है। कहानी की मुख्य पात्र हीली अविवाहित है। वह खासी जनजाति की चौंतीस वर्षीया स्त्री है। अपने एकाकी जीवन को वह बत्तखें पालकर तथा उनके अंडों को बेचकर चलाती है। वह अपनी बत्तखों से बेहद प्रेम करती है। अचानक उसकी बत्तखों को जंगल से आकर एक लोमड़ मारने लगता है। सुबह बत्तखों का खून देख वह चीखती है। वहाँ से गुजरने वाले कैप्टन दयाल उसकी मदद को आते हैं। कैप्टन दयाल लोमड़ का शिकार करते हैं। घायल लोमड़ भाग जाता है। पीछा करने पर हीली और कैप्टन दयाल उसकी खोह तक पहुँच जाते हैं। लोमड़ का शव पड़ा है। लोमड़ी और बच्चे उसे देख हैरान-परेशान हैं। यह दृश्य देख हीली को गहरा आघात लगता हे। वह वहाँ से निकल जाती है। घर आकर हीली बची हुई बत्तखों को डाओ से काट देती है। जब कैप्टन दयाल हीली को बत्तखों के खून से रंगा हुआ देखते हैं तो पूछते हैं, 'क्या हुआ हीली?' हीली बहुत जोर से थर्राती हुई आवाज में कैप्टन दयाल से कहती है, 'दूर रहो हत्यारे।'

कहानी तेजी से बदलती मानसिक अवस्थाओं को सशक्त ढंग से प्रस्तुत करती है। लोमड़ को बत्तखों का हत्यारा समझने वाली हीली कैप्टन दयाल को लोमड़ का हत्यारा कहने लगती है। ऐसा क्यों होता है? इन सवालों के संकेत अज्ञेय कहानी में हीली से जुड़े प्रसंगों में देते चले हैं। भाषा और प्रस्तुति में कहानी मानसिक उथल-पुथल का वातावरण रचने में सफल रही है। जीवन्त वातावरण के ही कारण पाठक हीली के संवेदनशील मन तक पहुँचने में सफल रहता है। सम्भवतः लेखक का भी यही उद्देश्य है।

हीली-बोन् की बत्तखें

अज्ञेय

(1)

हीली-बोन् ने बुहारी देने का ब्रुश पिछवाड़े के बरामदे के जंगल से टेककर रखा और पीठ सीधी करके खड़ी हो गयी। उसकी थकी-थकी-सी आँखें पिछवाड़े की गीली लाल मिट्टी के काई-ढके किन्तु साफ फर्श पर टिक गयीं। काई जैसी लाल मिट्टी को दीखने दे कर भी एक चिकनी झिल्ली से उसे छाये हुए थी; वैसे ही हीली-बोन् की आँखों पर भी कुछ छा गया जिसके पीछे आँगन के चारों ओर तरतीब से सजे हुए जरेनियम के गमलों, दो रंगीन बेंत की कुरसियों और रस्सी पर टँगे हुए तीन-चार धुले हुए कपड़ों की प्रतिच्छवि रहकर भी न रही। और कोई और गहरे देखता तो अनुभव करता कि सहसा उसके मन पर भी कुछ शिथिल और तन्द्रामय छा गया है, जिससे उसकी इन्द्रियों की ग्रहणशीलता तो ज्यों-की-त्यों रही है पर गृहीत छाप को मन तक पहुँचाने और मन को उद्वेलित करने की प्रणालियाँ रुद्ध हो गयी हैं...

किन्तु हठात् वह चेहरे का चिकना बुझा हुआ भाव होकर तन आया, इन्द्रियाँ सजग हुईं, दृष्टि और चेतना केन्द्रित, प्रेरणा प्रबल–हीली-बोन् के मुँह से एक हल्की-सी चीख निकली और वह बरामदे से दौड़कर आँगन पार करके एक ओर बने हुए छोटे-से बाड़े पर पहुँची; वहाँ उसने बाड़े का किवाड़ खोला और फिर ठिठक गयी। एक और हल्की-सी चीख उसके मुँह से निकल रही थी, पर वह अध-बीच में ही रव-हीन होकर एक सिसकती-सी लम्बी साँस बन गयी।

पिछवाड़े से कुछ ऊपर की तरफ पहाड़ी रास्ता था; उस पर चढ़ते हुए व्यक्ति ने वह अनोखी चीख सुनी और रुक गया। मुड़कर उसने हीली-बोन् की ओर

देखा, कुछ झिझका, फिर जरा बढ़कर बाड़े के बीच के छोटे-से बाँस के फाटक को ठेलता हुआ भीतर आया और विनीत भाव से बोला, ''खू-ब्लाई!''

हीली-बोन् चौंकी। 'खू-ब्लाई' भाषा का 'राम-राम' है, किन्तु यह उच्चारण परदेसी है और स्वर अपरिचित–यह व्यक्ति कौन है? फिर भी खासिया जाति के सुलभ आत्मविश्वास के साथ तुरन्त सँभलकर और मुस्कुराकर उत्तर दिया, ''आइए! आइए!''

आगन्तुक ने पूछा, ''मैं आपकी कुछ मदद कर सकता हूँ? अभी चलत-चलते–शायद कुछ।''

''नहीं, वह कुछ नहीं''–कहते-कहते हीली का चेहरा फिर उदास हो आया। ''अच्छा, आइए देखिए।''

बाड़े के एक ओर आठ-दस बत्तखें थीं। बीचोबीच फर्श रक्त से स्याह हो रहा था और आस-पास बहुत-से पंख बिखर रहे थे। फर्श पर जहाँ-तहाँ पंजों और नाखूनों की छापें थीं।

आगन्तुक ने कहा, ''लोमड़ी।''

''हाँ। यह चौथी बार है। इतने बरसों में कभी ऐसा नहीं हुआ; पर अब दूसरे-तीसरे दिन एक-आध बत्तख मारी जाती है और कुछ उपाय नहीं सूझता। मेरी बत्तखों पर मण्डल के सारे गाँव ईर्ष्या करते थे–स्वयं 'सियेम' के पास भी ऐसा बढ़िया झुण्ड नहीं था! पर अब...'' हीली चुप हो गयी।

आगन्तुक भी थोड़ी देर चुपचाप फर्श को और बत्तखों को देखता रहा। फिर उसने एक बार सिर से पैर तक हीली को देखा मानो कुछ सोचने लगा। फिर जैसे निर्णय करता हुआ बोला, ''आप ढिठाई न समझें तो एक बात कहूँ?''

''कहिए।''

''मैं यहाँ छुट्टी पर आया हूँ और कुछ दिनों नाङ् थ्लेम ठहरना चाहता हूँ। शिकार का मुझे शौक है। अगर आप इजाजत दें तो मैं इस डाकू की घात में बैठूँ?'' फिर हीली की मुद्रा देखकर जल्दी से, ''नहीं, मुझे कोई कष्ट नहीं होगा, मैं तो ऐसा मौका चाहता हूँ। आपके पहाड़ बहुत सुन्दर हैं, लेकिन लड़ाई से लौटे हुए सिपाही को छुट्टी में कुछ शगल चाहिए।''

''आप ठहरे कहाँ हैं?''

''बँगले में! कल आया था, पाँच-छह दिन रहूँगा। सवेरे-सवेरे घूमने निकला था, इधर ऊपर जा रहा था कि आपकी आवाज सुनी। आपका मकान बहुत साफ और सुन्दर है।''

हीली ने एक रूखी-सी मुस्कान के साथ कहा, ''हाँ, कोई कचरा फैलाने

वाला जो नहीं है! मैं यहाँ अकेली रहती हूँ।''

आगन्तुक ने फिर हीली को सिर से पैर तक देखा। एक प्रश्न उसके चेहरे पर झलका, किन्तु हीली की शालीन और अपने में सिमटी-सी मुद्रा ने जैसे उसे पूछने का साहस नहीं दिया। उसने बात बदलते हुए कहा, ''तो आपकी इजाजत है न? मैं रात को बन्दूक लेकर आऊँगा। अभी इधर आसपास देख लूँ कि कैसी जगह है और फिर किधर से किधर गोली चलायी जा सकती है।''

''आप शौकिया आते हैं तो जरूर आइए। मैं इधर से खुलने वाला कमरा आपको दे सकती हूँ''—कहकर उसने घर की ओर इशारा किया।

''नहीं-नहीं, मैं बरामदे में बैठ लूँगा।''

''यह कैसे हो सकता है? रात को आँधी-बारिश आती है। तभी तो मैं कुछ सुन नहीं सकी रात! वैसे आप चाहें तो बरामदे में आरामकुरसी भी डलवा दूँगी। कमरे में सब सामान है।'' हीली कमरे की ओर बढ़ी मानो कह रही हो, ''देख लीजिए।''

''आपका नाम पूछ सकता हूँ?''

''हीली-बोन् यिर्वा। मेरे पिता सियेम के दीवान थे।''

''बड़ी खुशी हुई। आइए, अन्दर बैठेंगे।''

''धन्यवाद! अभी नहीं। आपकी अनुमति हो तो शाम को आऊँगा। खू-ब्लाई!''

हीली कुछ रुकते स्वर में बोली, ''खू-ब्लाई!'' और बरामदे में मुड़कर खड़ी हो गयी। कैप्टन दयाल बाड़े में से बाहर होकर रास्ते पर हो लिए और ऊपर चढ़ने लगे, जिधर नयी धूप में चीड़ की हरियाली दुरंगी हो रही थी और बीच-बीच में बुरूस के गुच्छे-गुच्छे गहरे लाल फूल मानो कह रहे थे, पहाड़ के भी हृदय है...

(2)

दिन में पहाड़ की हरियाली काली दीखती है, ललाई आग-सी दीप्त; पर साँझ के आलोक में जैसे लाल ही पहले काला पड़ जाता है। हीली देख रही थी; बुरूस के वे इक्के-दुक्के गुच्छे न जाने कहाँ अन्धकार-लीन हो गये हैं, जबकि चीड़ के वृक्षों के आकार अभी एक-दूसरे से अलग स्पष्ट पहचाने जा सकते हैं। क्या रंग ही पहले बुझता है, फूल ही पहले ओझल होते हैं, जबकि परिपार्श्व की एकरूपता बनी रहती है?

हीली का का मन उदास होकर अपने में सिमट आया। सामने फैला हुआ नाङ्-थलेम का पर्वतीय सौन्दर्य जैसे भाप बनकर उड़ गया; चीड़ और बुरूस, चट्टानें, पूर्वपुरुषों और स्त्रियों की खड़ी और पड़ी स्मारक शिलाएँ, घास की

टीलों-सी लहरें, दूर नीचे पहाड़ी नदी का ताम्र-मुकुर, मखमली चादर में रेशमी डोरे-सी झलकती हुई पगडण्डी—सब मूर्त आकार पीछे हटाकर तिरोहित हो गये। हीली की खुली आँखें भीतर की ओर को ही देखने लगीं—जहाँ भावनाएँ ही साकार थीं और अनुभूतियाँ ही मूर्त...

हीली के पिता उस छोटे-से मांडलिक राज्य के दीवान रहे थे। हीली तीन सन्तानों में से सबसे बड़ी थी और अपनी दोनों बहनों की अपेक्षा अधिक सुन्दर भी। खासियों का जाति-संगठन स्त्री-प्रधान है; सामाजिक सत्ता स्त्री के हाथों में है और वह अनुशासन में चलती नहीं, अनुशासन को चलाती हैं। हीली भी मानो नाङ्-थ्लेम की अधिष्ठात्री थी। 'नाङ्क्रेम' के नृत्योत्सव में, जब सभी मण्डलों के स्त्री-पुरुष खासिया जाति के अधिदेवता नगाधिपति की बलि देते थे और उसके मर्त्य प्रतिनिधि अपने 'सियेम' का अभिनन्दन करते थे, तब नृत्यमण्डली में हीली मौन सर्वसम्मति से नेत्री हो जाती थी, और स्त्री-समुदाय उसी का अनुसरण करता हुआ झूमता था, इधर और उधर, आगे और दायें और पीछे...नृत्य में अंग-संचालन की गति न द्रुत थी और न विस्तीर्ण; लेकिन कम्पन ही सही, सिहरन ही सही, वह थी तो उसके पीछे-पीछे; सारा समुद्र उसकी अंग-भंगिमा के साथ लहरें लेता था...

एक नीरस-सी मुस्कान हीली के चेहरे पर दौड़ गयी। वह कई बरस पहले की बात थी...अब वह चौंतीसवाँ वर्ष बिता रही है; उसकी दोनों बहनें ब्याह करके अपने-अपने घर रहती हैं; पिता नहीं रहे और स्त्री-सत्ता के नियम के अनुसार उनकी सारी सम्पत्ति सबसे छोटी बहन को मिल गयी। हीली के पास यही एक कुटिया और छोटा-सा बगीचा—देखने में आधुनिक साहबी ढंग का बँगला, किन्तु उस काँच और परदों के आडम्बर को सँभालने वाली इमारत वास्तव में क्या है? टीन की चादर से छुता हुआ चीड़ का चौखटा, नरसल की चटाई पर गारे का पलस्तर और चारों ओर जरेनियम, जो गमलें में लगा लो तो फूल हैं, नहीं तो निरी जंगली बूटी...

यह कैसा हुआ कि वह, 'नाङ्क्रेम' की रानी, आज अपने चौंतीसवें वर्ष में इस कुटी के जरेनियम के गमले सँवारती बैठी है, और अपने जीवन में ही नहीं, अपने सारे गाँव में अकेली है?

अभिमान? स्त्री का क्या अभिमान! और अगर करे ही तो कनिष्ठा करे जो उत्तराधिकारिणी होती है—वह तो सबसे बड़ी थी, केवल उत्तरदायिनी! हीली के ओठ एक विद्रूप की हँसी से कुटिल हो आये। युद्ध की अशान्ति के इन तीन-चार वर्षों में कितने ही अपरिचित चेहरे दीखे थे, अनोखे रूप; उल्लसित, उच्छ्वसित, लोलुप, गर्वित, याचक, पाप-संकुचित, दर्प-स्फीत मुद्राएँ...और वह जानती थी कि इन चेहरों और मुद्राओं के साथ उसके गाँव की कई स्त्रियों के सुख-दुख, तृप्ति

और अशान्ति, वासना और वेदना, आकांक्षा और सन्ताप उलझ गये थे, यहाँ तक कि वहाँ के वातावरण में एक पराया और दूषित तनाव आ गया था। किन्तु वह उससे अछूती ही रही थी। यह नहीं कि उसने इसके लिए कुछ उद्योग किया था या कि उसे गुमान था—नहीं, यह कैसे उसके निकट कभी यथार्थ ही नहीं हुआ था।

लोग कहते थे कि हीली सुन्दर है, पर स्त्री नहीं है। वह बाँबी क्या, जिसमें साँप नहीं बसता? ...हीली की आँखें सहसा और भी घनी हो आयीं—नहीं, इससे आगे वह नहीं सोचना चाहती। व्यथा मरकर भी व्यथा से अन्य कुछ हो जाती है? बिना साँप की बाँबी—अपरूप, अनर्थक मिट्टी का ढूह! यद्यपि वह याद करना चाहती तो याद करने को कुछ था—बहुत कुछ था—प्यार उसने पाया था और उसने सोचा भी था कि—

नहीं, कुछ नहीं सोचा था। जो प्यार करता है, जो प्यार पाता है, वह क्या कुछ सोचता है? सोच सब बाद में होता है, जब सोचने को कुछ नहीं होता।

और अब वह बत्तखें पालती है। इतनी बड़ी, इतनी सुन्दर बत्तखें खासिया प्रदेश में और नहीं हैं। उसे विशेष चिन्ता नहीं है, बत्तखों के अण्डों से इस युद्ध काल में चार-पाँच रुपये रोज़ की आमदनी हो जाती है, और उसका खर्च ही क्या है? वह अच्छी है, सुखी है, निश्चिंत है—

लोमड़ी...किन्तु वह कुछ दिन की बात है—उसका तो उपाय करना ही होगा। वह फौजी अफसर जरूर उसे मार देता—नहीं तो कुछ दिन बाद थेड़्-क्यू के इधर आने पर वह उसे कहेगी कि तीर से मार दे या जाल लगा दे...कितनी दुष्ट होती है लोमड़ी—क्या रोज़ दो-एक बत्तख खा सकती है? व्यर्थ का नुकसान—सभी जन्तु जरूरत से ज्यादा घेर लेते और नष्ट करते है—

बरामदे के काठ के फर्श पर पैरों की चाप सुनकर उसका ध्यान टूटा। कैप्टन दयाल ने एक छोटा-सा बैग नीचे रखते हुए कहा, "लीजिए, मैं आ गया।" और कन्धे से बन्दूक उतारने लगे।

"आपका कमरा तैयार है। खाना खयेंगे?"

"धन्यवाद! नहीं, मैं खा आया। रात काटने को कुछ ले भी आया बैग में! मैं जरा मौका देख लूँ, अभी आता हूँ। आपको नाहक तकलीफ दे रहा हूँ लेकिन..."

हीली ने व्यंग्यपूर्वक हँसकर कहा, "इस घर में न सही, पर खासिया घरों में अकसर पलटनिया अफसर आते हैं—यह नहीं हो सकता कि आपको बिल्कुल मालूम न हो।"

कैप्टन दयाल खिसिया-से गये। फिर धीरे-धीरे बोले, "नीचे वालों ने हमेशा पहाड़ वालों के साथ अन्याय ही किया है। समझ लीजिए कि पातालवासी शैतान देवताओं से बदला लेना चाहते हैं।"

"हम लोग मानते हैं कि पृथ्वी और आकाश पहले एक थे—पर दोनों को जोड़ने वाली धमनी इनसान ने काट दी। तब से दोनों अलग हैं और पृथ्वी का घाव नहीं भरता।"

"ठीक तो है।"

कैप्टन दयाल बाड़े की ओर चले गये। हीली ने भीतर आकर लैम्प जलाया और बरामदे में लाकर रख दिया; फिर दूसरे कमरे में चली गयी।

(3)

रात में दो-अढाई बजे बन्दूक की 'धाँय!' सुनकर हीली जागी, और उसने सुना कि बरामदे में कैप्टन दयाल कुछ खटर-पटर कर रहे हैं। शब्द से ही उसने जाना कि वह बाहर निकल गये हैं और थोड़ी देर बाद लौट आये हैं। तब वह उठी नहीं; लोमड़ी जरूर मर गयी होगी और उसे सवेरे भी देखा जा सकता है, यह सोचकर फिर सो रही।

किन्तु पौ फटते-न-फटते वह फिर जागी। खासिया प्रदेश के बंगलों की दीवारें असल में तो केवल काठ के परदे ही होते हैं; हीली ने जाना कि दूसरे कमरे में कैप्टन दयाल जाने की तैयारी कर रहे हैं। तब वह जल्दी से उठी, आग जलाकर चाय का पानी रखा, मुँह-हाथ धोकर बाहर निकली। क्षण-भर अनिश्चय के बाद वह बत्तखों के बाड़े की तरफ जाने को ही थी कि कैप्टन दयाल ने बाहर निकलते हुए कहा, "खू-ब्लाई, मिस यिर्वा; शिकार जख्मी तो हो गया पर मिला नहीं, अब खोज में जा रहा हूँ।"

"अच्छा, कैसे पता लगा?"

"खून के निशानों से, जख्म गहरा ही हुआ है—घिसटकर चलने के निशान साफ दीखते थे। अब तक बचा नहीं होगा—देखना यही है कि कितनी दूर गया होगा।"

"मैं भी चलूँगी। उस डाकू को देखूँ तो"—कहकर हीली लपकर एक बड़ी 'डाओ' उठा लाई और चलने को तैयार हो गयी।

खून के निशान चीड़ के जंगल को छूकर एक ओर मुड़ गये, जिधर ढलाव था और आगे जरैंत की झाड़ियाँ, जिनके पीछे एक छोटा-सा झरना बहता था। हीली ने उसका जल कभी देखा नहीं था, केवल कल-कल शब्द ही सुना था—जरैंत का झुरमुट उसे बिल्कुल छाये हुए था। निशान झुरमुट तक आकर लुप्त हो गये थे।

कैप्टन दयाल ने कहा, "इसके अन्दर घुसना पड़ेगा। आप यहीं ठहरिए।"

"उधर ऊपर से शायद खुली जगह मिल जाये—वहाँ से पानी के साथ-साथ बढ़ा जा सकेगा"—कहकर हीली बायें को मुड़ी और कैप्टन दयाल साथ हो लिए।

सचमुच कुछ ऊपर जाकर झाड़ियाँ कुछ विरल हो गयी थीं और उनके बीच में घुसने का रास्ता निकाला जा सकता था। यहाँ कैप्टन दयाल आगे हो लिए, अपनी बन्दूक के कुन्दे से झाड़ियाँ इधर-उधर ठेलते हुए रास्ता बनाते चले। पीछे-पीछे हीली हटायी हुई लचकीली शाखाओं के प्रत्याघात को अपनी डाओ से रोकती हुई चली।

कुछ आगे चलकर झरने का पाट चौड़ा हो गया—दोनों ओर ऊँचे और आगे झुके हुए करारे, जिनके ऊपर जरैंत और हाली की झाड़ी इतनी घनी छायी हुई कि भीतर अँधेरा हो, परन्तु पाट चौड़ा होने से मानो इस आच्छादन के बीच में एक सुरंग बन गयी थी जिसमें आगे बढ़ने में विशेष असुविधा नहीं होती थी।

कैप्टन दयाल ने कहा, "यहाँ फिर खून के निशान हैं—शिकार पानी में से इधर घिसटकर आया है।"

हीली ने मुँह उठाकर हवा को सूँघा मानो सीलन और जरैंत की तीव्र गन्ध के ऊपर और किसी गन्ध को पहचान रही हो। बोली, "यहाँ तो जानवर की..."

हठात् कैप्टन दयाल ने तीखे फुसफुसाते स्वर से कहा, "देखो—शू-शू!"

ठिठकने के साथ उनकी बाँह ने उठकर हीली को भी जहाँ-का-तहाँ रोक दिया।

अन्धकार में कई-एक जोड़े अंगारे-से चमक रहे थे।

हीली ने स्थिर दृष्टि से देखा। करारे में मिट्टी खोदकर बनायी हुई खोह में—या कि खोह की देहरी पर—नर लोमड़ी का प्राणहीन आकार दुबका पड़ा था—कास के फूल की झाड़-सी पूँछ उसकी रानों को ढँक रही थी जहाँ गोली का जख्म होगा। भीतर शिथिल-गात लोमड़ी उस शव पर झुकी खड़ी थी, शव के सिर के पास मुँह किये मानो उसे चाटना चाहती हो और फिर सहमकर रुक जाती हो। लोमड़ी के पाँवों से उलझते हुए तीन छोटे-छोटे बच्चे कुनकुना रहे थे। उस कुनमुनाने में भूख की आतुरता नहीं थी; न वे बच्चे लोमड़ी के पेट के नीचे घुसड़-पुसड़ करते हुए भी उसके थनों को ही खोज रहे थे...माँ और बच्चों में किसी को ध्यान नहीं था कि गैर और दुश्मन की आँखें उस गोपन घरेलू दृश्य को देख रही हैं।

कैप्टन दयाल ने धीमे स्वर से कहा, "यह भी तो डाकू होगी...?"

हीली की ओर से उत्तर न पाकर उन्होंने मुड़कर देखा और अचकचाकर रह गये।

पीछे हीली नहीं थी।

थोड़ी देर बाद, कुछ प्रकृतिस्थ होकर उन्होंने कहा, "अजीब औरत है!" फिर थोड़ी देर वह लोमड़ी को और बच्चों को देखते रहे। तब "उँह, मुझे क्या!" कहकर वह अनमने से मुड़े और जिधर से आये थे, उधर ही चलने लगे।

(4)

हीली नंगे पैर ही आयी थी; पर लौटती बार उसने शब्द न करने का कोई यत्न किया हो, ऐसा वह नहीं जानती थी। झुरमुट से बाहर निकलकर वह उन्माद की तेजी से घर की ओर दौड़ी और वहीं पहुँचकर सीधी बाड़े में घुस गयी। उसके तूफानी वेग से चौंककर बत्तखें पहले तो बिखर गयीं पर जब वह एक कोने में जाकर बाड़े के सहारे टिककर खड़ी अपलक उन्हें देखने लगी, तब वे गरदनें लम्बी करके उचकती हुई-सी उसके चारों ओर जुट गयीं और 'क-क्! क-क्' करने लगीं। वह अधैर्य हीली को छू न सका, जैसे चेतन के बाहर से फिसलकर गिर गया। हीली शून्य दृष्टि से बत्तखों की ओर ताकती रही।

एक ढीठ बत्तख ने गरदन से उसके हाथ को ठेला। हीली ने उसी शून्य दृष्टि से हाथ की ओर देखा। सहसा उसका हाथ कड़ा हो आया, उसकी मुट्‌ठी डाओ के हत्थे पर भिंच गयी। दूसरे हाथ से उसने बत्तख का गला पकड़ लिया और दीवार के पास खींचते हुए डाओ के एक झटके से काट डाला।

उसी अनदेखते अचूक निश्चय से उसने दूसरी बत्तख का गला पकड़ा, भिंचे हुए दाँतों से कहा : ''अभागिन!'' और उसका सिर उड़ा दिया। फिर तीसरी, फिर चौथी, पाँचवीं...ग्यारह बार डाओ उठी और 'खट्' के शब्द के साथ बाड़े का खम्भा काँपा; फिर एक बार हीली ने चारों ओर नजर दौड़ायी और बाहर निकल गयी।

बरामदे में पहुँचकर जैसे उसने अपने को सँभालने को खम्भे की ओर हाथ बढ़ाया और लड़खड़ाती हुई उसी के सहारे बैठ गयी।

कैप्टन दयाल ने आकर देखा, खम्भे के सहारे एक अचल मूर्ति बैठी है जिसके हाथ लथपथ हैं और पैरों के पास खून से रंगी डाओ पड़ी है। उन्होंने घबराकर कहा, ''यह क्या, मिस यिर्वा,'' और फिर उत्तर न पाकर उसकी आँखों का जड़ विस्तार लक्ष्य करते हुए उसके कन्धे पर हाथ रखते हुए धीमे-से कहा, ''क्या हुआ, हीली?''

हीली कन्धा झटककर, छिटककर परे हटती हुई खड़ी हो गयी और तीखेपन से थर्राती हुई आवाज से बोली, ''दूर रहो, हत्यारे!''

कैप्टन दयाल ने कुछ कहना चाहा, पर अवाक् ही रह गये, क्योंकि उन्होंने देखा, हीली की आँखों में वह निर्व्यास सूनापन घना हो आया है जो कि पर्वत का चिरन्तन विजन सौन्दर्य है।

ज्ञानरंजन

जन्म : 21 नवम्बर 1931, अकोला (महाराष्ट्र) में। प्रारम्भिक जीवन निरन्तर प्रवास में बीता—महाराष्ट्र, राजस्थान, दिल्ली, मध्य प्रदेश, उड़ीसा और उत्तर प्रदेश में। पिता श्री रामनाथ सुमन प्रख्यात गाँधीवादी विचारक, लेखक और पत्रकार, छायावाद काल के प्रमुख आलोचकों में थे। उनकी यायावरी का गहरा असर। **शिक्षा :** एम.ए. इलाहाबाद विश्वविद्यालय से। **जीविका :** जबलपुर विश्वविद्यालय से सम्बद्ध महाविद्यालय में हिन्दी प्रोफेसर पद से सेवानिवृत्त। पैंतीस वर्षों तक हिन्दी की साहित्यिक पत्रिका 'पहल' के सम्पादक। सोवियत लैंड नेहरू अवार्ड, उ.प्र. हिन्दी संस्थान के साहित्य भूषण पुरस्कार, म.प्र. साहित्य परिषद का सुभद्रा कुमारी चौहान पुरस्कार, शिखर सम्मान (भोपाल), प्रतिभा सम्मान (कोलकाता) और अनिल कुमार सम्मान से विभूषित। देश के प्रमुख विश्वविद्यालयों में कहानियाँ पाठ्यक्रम में साहित्य अकादेमी, नेशनल बुक ट्रस्ट और एन.सी.ई.आर.टी. द्वारा पाठ्यक्रम और एंथोलॉजी में संगृहीत। अंग्रेज़ी, पोल, रूसी, जर्मन और डच भाषाओं में कहानियों के अनुवाद। अब तक पाँच कहानी-संग्रह प्रकाशित।

अमरूद का पेड़-कहानी का परिचय

ज्ञानरंजन की कहानी अमरूद का पेड़ एक विशिष्ट समकालीन पारिस्थितिक कहानी है। गाँव में यही एक विश्वास था कि ''पश्चिम की तरफ अगर मकान का मुखडा हो और सामने अमरूद का पेड़ तो राम-राम बड़ा अशुभ होता है।'' ग्राम जीवन की गँवारी भोले मानस को कहानीकार ने अमरूद के पेड़ के द्वारा व्यक्त किया

है। अमरूद का पेड़ एक आत्म-सम्बन्ध है जो अपनी मिट्टी से लगाव एवं चाह का प्रतीक है। अपने आँगन के एक अमरूद के पेड़ की यादों से अलग होकर नगर जीवन की यान्त्रिकता में खो जाने के बाद लौट आने पर उस पेड़ के इर्द-गिर्द घटित होने वाली घटनाओं के चित्रण तथा ग्राम जीवन की परिभाषा को उस पेड़ के साथ पुनः व्याख्यायित करने का प्रयास आदि इस कहानी के केन्द्र में है।

अमरूद का पेड़

ज्ञानरंजन

घर के सामने अपने-आप ही उगते और फिर बढ़ते हुए एक अमरूद के पेड़ को मैं काफी दिनों से देखता रहा हूँ। केवल देखता ही नहीं, इस देखने में और भी चीजें शुमार हैं। तीन-चार साल में बड़े हो जाने, फूलने और फल देने के बाद भी उसकी ऊँचाई गन्धराज या हरसिंगार के पेड़ से ज्यादा नहीं बढ़ी। शुरू-शुरू में तो परिवार के सभी लोगों ने उसके प्रति उदासीनता ही रखी या कहूँ लापरवाही बरती तो गलत नहीं होगा। राम-भरोसे पेड़ जब बड़ा हो गया और हमारे मकान का फ्रंट जब भरा-भरा लगने लगा तो सबसे पहले बाबू कन्हैयालाल की बूढ़ी पत्नी ने एक दिन टोका कि पश्चिम की तरफ अगर मकान का मुखड़ा हो और सामने ही अमरूद का पेड़ तो 'राम-राम बड़ा अशुभ होता है।' अम्मा के चेहरे पर थोड़ा-सा भय अपने कुनबे के लिए आया पर मुझे विश्वास था कि इन सब पिछड़े ख़यालात का हमारे घर में गुजर नहीं हो सकेगा।

माँ अजमेर में जेल कर चुकी हैं—लम्बा जेल। सत्याग्रह के दिनों में। पिता जी खुद राजनीतिक-सामाजिक उदारता वाले आदमी हैं। हमारी एक बुआ ने विवाह नहीं किया और पढ़ने-लिखने में ही उन्होंने अपनी ज़िन्दगी डुबो दी और समाज उन्हें कोई चुनौती देने का साहस नहीं कर सका। एक को छोड़कर हम सभी भाइयों में खिलाड़ीपन है। चचेरे ने अन्तर्जातीय विवाह, प्रेम-विवाह किया है और मुझे तरस आ गया कि कन्हैयालाल की बूढ़ी पत्नी कैसी बेहूदा-फूहड़ बात कहती है। खैर, यह तो ऊपरी बात हुई लेकिन मैं अकसर पाता कि अन्दरूनी तौर पर भी हम सभी लोगों में कहीं पिछड़ेपन की भर्त्सना का भाव अँकुरा रहा है। वैसे अम्मा की प्रीतिकार, सुन्दर, गोरी मुखाकृति पर अमरूद के प्रसंग में हमेशा भय की व्याप्ति हो आती थी।

सत्तावन की बरसात में अकस्मात एक दिन मिद्दू ने सबको दौड़-दौड़कर बताया कि अमरूद में तीन-चार सफेद फूल आ गये हैं। मिद्दू की उमर बढ़ रही थी, उसकी आकृति पर वय का ओप चढ़ रहा था। अमरूद बढ़ने में कहीं उसे अपने विकास की-सी सन्तुष्टि अनुभव हुई होगी। वह खुश थी। बरामदे की खिड़की पर तेज बारिश में हम लोग छोटे-से पप्पू को खड़ा कर यह बताते कि 'वो देखो पप्पू बेटे, अमरूद का फूल।' 'अमरूद ता फूल।' मैं सोचता कि कहीं पानी के झोंको में नरम फूल टूट न जायें। बहुतेरे फूल टूटे भी, लेकिन उनकी जगह नये फूल आते गये और फिर जल्दी से बीत जाने वाले सुखद दिनों में छोटे-छोटे अमरूदों में बदल गये।

मुझे लगा कि हमारे घर के सामने का यह अमरूद हमारी ज़िन्दगी का एक घरेलू हिस्सेदार होता जा रहा है। घोष बाबू के माली ने माँ को बताया कि पहली फसल के फल तोड़कर फेंक देने से दूसरी बारी में फल खूब और अच्छे आते हैं। अमरूद और नीबू के साथ बात खास लागू होती है। माँ ने विजय से कहकर अमरूद की पहली फसल बड़ी दिलचस्पी से पूरी बाढ़ के पहले ही तुड़वाकर फिंकवा दी थी। यह बात आसानी से महसूस की जा सकती थी कि माँ में विराट मातृत्व है और वह भविष्य के लिए प्रतीक्षा कर सकती है, उसी तरह जैसे हर माँ अपनी सन्तान के लिए दीर्घ प्रतीक्षा किया करती है और फिर भी उसको अपना स्वप्न अधूरा लगता है। जो भी हो, मुझे प्रसन्नता हुई कि अपशकुनी विश्वासों की जहरीली छाया हमारे कोमल मीठे अमरूद तरु पर नहीं पड़ी।

तोते का पिंजरा सुबह दरवाजा खुलने के साथ ही अमरूद की एक छोटी-सी टहनी पर टाँगा जाने लगा था। वह दोपहरी तक उस पर टँगा रहता। चुन्नु, मिद्दू और पप्पू ने फुर्ती से नाज़ुक फुनगियों तक चढ़ने की माहिरी इसी पेड़ से प्राप्त की। दशहरा, दीपावली, तीज-त्योहार पर दीदी की जीभ जब सूरन खाने को ललचती तो अमरूद की पत्तियों में सूरन पकाकर स्वादिष्ट बनाने वाली जरूरत की पूर्ति भी वही पेड़ करता था। कहते हैं कि अमरूद की पत्तियों में सूरन को पकाने से सूरन गले में काटता नहीं है। लगने लगा था कि अमरूद का पेड़ ज्यों हमारी एक बड़ी सुविधा है या हमारे अन्दर आत्मीयता को निरन्तर धनिक बनाने वाला कोष।

दूसरे बरस के जाड़े में पेड़ खूब लदा-फदा था। अमरूद गोल, छोटे मगर ललछर चित्तियों वाली जात के थे। ढेपियाँ मुलायम होते ही लोग उन्हें तोड़ लेते और पूरे जाड़े जी-भरकर घर में टमाटर और अमरूद का सलाद खाया गया। सुग्गे के लिए कई महीने खूब पके अमरूद उपलब्ध होते रहे और बाहर के मेहमान हमारे

घर के अमरूदों में इलाहाबाद के अमरूदों की प्रसिद्धि का इत्मीनान कर लेते थे।

यह बात मुझे बहुत रोमांचित करती थी कि हमारे घर तथा निकटतम सम्बन्धियों के यहाँ नयी पीढ़ी काफी बड़े अनुपात में आधुनिक हो चली है। मुझे मनःस्थितियों और वातावरण की इस तब्दीली का अध्ययन बड़ा सुखद लगा। हममें दृष्टिकोण की उदारता परिलक्षित होती और किसी भी घटना या आकस्मिकता या एक सम्पूर्ण परिस्थिति को हम लोग अनहोनी नहीं मानते थे। जीवन में सब सहज है, सब सम्भव। अमरूद की छाया में बेंत की कुर्सियों पर बैठ चर्चाएँ कर-करके हम तीन-चार भाई-बहनों ने अपनी उम्र के फ़र्क़ को दोस्ताना हरकतों से भर दिया। प्रायः बैठकर, नये-नये विषयों को कुरेदकर, कभी ताप और उग्रता के वशीभूत होकर भी बातचीत करना, तेजी से हम लोगों के मनोरंजन और दैनिक निर्वाह का एक अंग होता जा रहा था। मैंने महसूस किया कि घर के बुज़ुर्गों के बारे में हम लोग अकसर तुर्श भी हो उठते हैं, लेकिन हमें इस बात की निश्चिंतता भी थी कि ऐसा होने में अवांछनीय कुछ भी नहीं है, अपितु यह बीच अपशकुन के आरोपों को नष्ट करता हुआ धीरे-धीरे बना और वह अब पूरे परिवार का एक खूबसूरत हिस्सा हो गया है।

अमरूद फलता-फूलता रहा और अब पप्पू ने एक निहायत छोटा-सा झूला भी उस पर डाल लिया। इधर हम भाई लोग धीरे-धीरे अलग-अलग शहरों के भूगोल में जुदा तरीकों की नौकरी के लिए बँटने लगे। यह कोई असामान्य बात नहीं थी, सिवाय इसके कि घर से अलग होने में थोड़ा-बहुत मानसिक क्लेश सबको होता था। जिस दिन मैं नौकरी पर जा रहा था, माँ रो रही थीं, इसलिए मैं शीघ्रातिशीघ्र घर छोड़कर निकल जाने को तत्पर था। जमुना-पुल पर डूबी हुई साँझ में नदी पर से भारी मन गुजरते हुए सबसे ज्यादा माँ और अमरूद के पेड़ की याद आयी। माँ की याद इसलिए क्योंकि वह दुर्बल हैं और हम लोगों को न समझ पाकर क्रमशः जड़ होती जा रही हैं और अमरूद की याद इसलिए कि उसके माध्यम से मैं अपने अन्दर एक जागृति का भान करता रहा। अमरूद का पेड़ मुझमें प्रतीकों का निर्माण किया करता और फिर एक नये संसार की कल्पना में मैं निमग्न हो जाता। इस ट्रेन-यात्रा में और अनेक बार मैं इस नये संसार में डूबकर शक्ति और आत्मसन्तुष्टि पाता रहा हूँ।

अमरूद के पेड़ के प्रति समर्थन और राग मेरे मन में यूँ भी एकत्र हो आया क्योंकि बाद में कई लोगों ने घर के सामने अमरूद होने को अशुभ बताया और पेड़ को तुरन्त कटवा देने की सलाह दी। माँ पर छा जाने वाला स्वाभाविक भय हमें नागवार गुजरता क्योंकि ऐसा लगता, जैसे माँ हम लोगों के अन्दर पैदा होने

वाने नये और बलिष्ठ ख़यालों के प्रति असहयोग कर रही है। जब-जब अशुभ के ठेकेदारों ने अमरूद की बाबत कुछ कहा, घर के हम सब बच्चे क्षुब्ध हो उठते थे। वस्तुतः यह गुण हमें हमारे बुज़ुर्गों से ही मिला था। इस निर्णय पर हम लोग तब पहुँचे, जब एक समाजशास्त्रीय बोध हमें स्पर्श करने लगा था।

जीवन नये अनुभवों में गुजरने के मध्य व्यतीत होता रहा। मिद्दू ने राखाल के साथ कुछ अमरूद भिजवाये थे और खत लिखा था कि 'इस बरस जबकि अमरूद भरपूर आया है, कोई घर पर नहीं है।' तथा नम कर देने वाली जज्बाती बातचीत के कई नाज़ुक टुकड़े। पिता जी की चिट्ठियाँ हमेशा ही कुछ दूसरे प्रकार की रही हैं। उनमें एहसास की चादर ओढ़ने का प्रयत्न या दबाव रहता है। मैं देखता हूँ कि थोड़े समय में ही दुनिया में बहुत परिवर्तन हो गया है और यह परिवर्तन तेजी से दूसरे परिवर्तन की भूमिका बनता जा रहा है। बड़े-बड़े घातक शरीर-दुख मामूली और अचिन्तनीय हो गये हैं और पिता जी लिखते हैं कि 'माँ के बायें फेफड़े में जो धब्बा था, वह पुनः उभर आया है। यह सब किसी अशुभ ग्रह-नक्षत्र का दुष्परिणाम है। शायद हम लोगों के बुरे दिन आ गये हैं।' लेकिन मैं जानता हूँ कि अब यक्ष्मा बहुत आसान है और कहानियों में भी पात्रों का यक्ष्मा से ग्रसित होना, लोगों को द्रवीभूत नहीं कर पाता। अच्छे सम्पादक ऐसी कहानियों से ऊब गये हैं और उन्हें लौटाना ही श्रेयस्कर समझते हैं। फिर मृत्यु भी आज इतनी असह्य नहीं रह गयी है। दुख शरीर से मन पर सिमट आया है। पिता जी ने एक बार यह भी लिखा कि 'सबसे बड़े भाई चूल्हा-चौका अलग करने के लिए एक तनाव पैदा कर रहे हैं। बड़ी चखचख है। बहू ताजी रोटियाँ तो खुद खा जाती है और बासी हम लोगों के लिए रख देती है। तुम क्या जानो, हम लोगों का जीना मुहाल हो गया है। इधर तुम्हारी माँ अमरूद का पेड़ काटने को कहती हैं। सब लोग उसे अशुभ बता रहे हैं' आदि-आदि। यह एक दुखद प्रसंग था। हालाँकि मैंने अमरूद न काटने की अपनी बात पर ही जोर देले वाली एक चिट्ठी माँ को लिख दी थी।

राखाल हमारे पेड़ के जो अमरूद लाया था, वे बाजारू अमरूदों की सुन्दरता से बहुत भिन्न होकर भी स्वादिष्ट थे। अमरूदों के और दोस्तों के बीच अच्छा समय गुजारते हुए मैं किंचित भावुक हो आया। मुझे वे दिन याद आने लगे जब हम छोटे-छोटे थे और सुबह, दिन-दोपहरी दूसरे बँगलों की चारदीवारियाँ कूदकर अमरूदों की चोरी किया करते और पकड़े जाने पर बुरी तरह गिड़गिड़ाया करते। आज हमारे घर में भी अमरूद का पेड़ है तो एक अजीब-सा गौरव होता है—यह कि जिनके घर अमरूद नहीं होंगे, वे बच्चे ईर्ष्यालु हो गये होंगे, हमारी चारदीवारी

कूदते होंगे। अमरूद के इस पेड़ की वजह रफ़्ता-रफ़्ता पप्पू के बहुत-से नन्हें-मुन्ने दोस्त हो गये हैं, ऐसा अम्माँ ने लिखा था और भौजाई से उसे इस बात की बहुत डाँट पड़ती है कि वह क्यों अपनी तबीयत का राजा हो गया है, जिसे चाहे अमरूद लुटाया करता है।

अपने इस अमरूद के पेड़ के सम्बन्ध में कभी-कभार फैशनेबुल ढंग से भी मैं सोचा किया हूँ। होटलों के लॉन में लगे, बैठने वालों का सुखद छाँह देते हुए, रंगीन छातों की छाया मेरी आँखों में अकसर उभरी है। हमारा अमरूद का पेड़ एक हरा छाता। एक डँगरा-सा फलता-फूलता पेड़ जिसमें अनुपातहीन डालें नहीं बल्कि एक सँवरापन।

जब घर जाने को पहली छुट्टी मिली तो मन बेहद आतुर हो गया। सुख तन-मन पर एक वहशत की तरह सवार था। फिर अँधेरे जमुना-ब्रिज से गुजरती हुई गाड़ी ने उत्तेजित कर दिया और रात के सन्नाटे में एक अभूतपूर्व रोमांच के साथ मैंने अपने प्यारे शहर को देखा। वह रात उजाले की प्रतीक्षा में उड़ी हुई नींद की एक सुखद पर बेचैन रात थी। पता नहीं, एक अजीब भयानक-सी विराटता के ख़याल मन पर छोटे-छोटे टुकड़ों में बनते-बिगड़ते रहे। बुद्धियाँ किसी नये रचनात्मक परिवेश के लिए सक्रिय हैं। स्थूल के नाम पर यह शहर जैसे परम शून्य है। लेकिन धँसने पर...। शायद मैं बहुत व्याकुल था।

तड़के उठकर मुझे इस बात का बड़ा खेद हुआ कि शायद हमारे प्रति घर के बड़ों में कोई स्वागत भाव नहीं है। ऐसी स्थितियों में मुझे बारम्बार अवनीन्द्र बाबू का वह चित्र याद आ जाता है जिसमें एक बूढ़े पेड़ की आत्मा अपने को तोड़ देने के प्रयत्न में सुखी है क्योंकि उसे यह जानकारी है कि उसकी घेर में एक नवल तरु उग आया है। यह बात उतनी बुरी नहीं थी कि अमरूद के पेड़ को काटकर उसकी जगह एक ओर गुलदाउदी और दूसरी ओर केले की क्यारियाँ बना ली गयी हैं बल्कि चुनौती इस बात की थी कि हम लोगों में जब धीरे-धीरे ज़िन्दगी की बुलन्दी विकसित हो रही थी, तभी माँ को रूढ़ि और अशुभ के मिथ्या भय ने पराजित कर दिया। शायद माँ की हम सन्तानें उन्हें अशुभ से लड़ सकने की अपनी सामर्थ्य का आश्वासन नहीं दे सकी थीं। मैंने पाया कि वह भय जो माँ के चेहरे पर क्षणजीवी हुआ करता था, अब गहरा गया है। माँ का मन यह मान बैठा था कि बड़ी बहू की अलगाव-भावना, सबसे छोटे का निठल्लापन, खुद उनकी बीमारी और लोगों का धन्धे से बिखर जाना और कुछ नहीं है, बहुत दिनों तक दरवाज़े पर उसी अमरूद के पेड़ के लगे रहने का दुष्परिणाम है जिसे काफी पहले ही लोगों ने अशुभ बताया था।

कुछ देर बाद मैंने साधारण तौर पर अमरूद की बाबत माँ से पूछा तो मिद्दू के गुस्से को सहारा मिला। उसकी कडैल-सी आँखों में एक छोटा-सा तूफानी झोंका उठा, बैठ गया। उसका मुँह फूल गया था। मेरे लिए तसल्ली बस इतनी थी कि मुझे उसका क्षोभ अच्छा लगा, क्योंकि यह क्षोभ मौजूदा सामाजिक परिस्थितियों में निहायत जरूरी है और क्योंकि यह जीवन का परिष्कार करता है, बशर्ते इस क्षोभ का संस्कार हो और उसे स्वयं पोसा तथा सहा भी जा सके। अम्माँ ने मेरे प्रश्न का अपने ढंग से ठीक जवाब भी दिया। शायद उन्हें भी दुख था—बहुत दुख, इसलिए कि हम दुखी थे। मिद्दू गुस्सा थी। इसलिए नहीं कि उनसे कोई गलत काम हुआ है।

सूरज पिछवाड़े के पीपल के ऊपर आ रहा था और जहाँ अमरूद की जड़ थी, वहाँ धूप का एक चकता तेजी से बड़ा होता दीख पड़ा।

स्वयं प्रकाश

हिन्दी कहानी में स्वयं प्रकाश ऐसे हस्ताक्षर हैं जिनकी कहानियाँ समान रूप से आलोचकों और पाठकों को प्रभावित करती रही हैं। कहानी लेखन में उनकी विशेषता है सामान्य स्थितियों-घटनाओं के माध्यम से जीवन के राग-विराग की मार्मिक अभिव्यक्ति। भारतीय मध्यवर्गीय जीवन को आधार बनाकर उन्होंने अनेक कहानियाँ लिखी हैं तो मामूली लोगों के जीवन संघर्ष भी उनकी कहानियों को मूल्यवान बनाते हैं।

कहानी संग्रह : मात्रा और भार, सूरज कब निकलेगा, आसमां कैसे-कैसे, अगली किताब, आयेंगे अच्छे दिन भी, आदमी जात का आदमी, अगले जन्म, सन्धान, छोटू उस्ताद।

उपन्यास : जलते जहाज़ पर, ज्योतिरथ के सारथी, उत्तर जीवन कथा, बीच में विनय, ईंधन।

निबन्ध : दूसरा पहलू, रंगशाला में एक दोपहर, एक कथाकार की नोटबुक।

रेखाचित्र : हमसफ़रनामा।

नाटक : फीनिक्स, घर कैद, चौबोली।

बाल साहित्य : प्यारे भाई रामसहाय।

सम्पादन : क्यों के साथ प्रगतिशील वसुधा, चकमक, मधुमती के कुछ अंकों का सम्पादन।

जंगल का दाह

स्वयं प्रकाश ने कहानियों के लिए हमेशा अनछुए विषयों को चुना है। उनकी अधिकांश कहानियाँ अपने देश और समाज की 'प्रोग्रेस रिपोर्ट' की तरह पढ़ी

जा सकती है। 'जंगल का दाह' एक ऐसी कहानी है जो लोककथा की शैली में लिखी गयी है। लोककथा के वितान में यह कहानी वस्तुतः आदिवासी संस्कृति के संकटों के साथ-साथ आधुनिक समय में विकास के खोखलेपन का चित्रण भी करती है। राजकुमार के आखेट सीखने की आड़ में पारम्परिक जीवन-मूल्य को नष्ट कर जंगल के मूल निवासियों की जीवन-शैली में किस तरह हस्तक्षेप किया जा रहा है, इसे यह कहानी बखूबी पकड़ती है। कहानी के अन्त में पूँजीवाद, औद्योगीकरण और बाजारवाद से जन्मे विस्थापन के दर्द की टीस को महसूस किया जा सकता है। यह कहानी एक आदिवासी मामा सोन की कहानी है जो प्रख्यात धनुर्धर है। विकास के नाम पर आदिवासी और जंगलों व पहाड़ों में रहने वालों को अपने जंगल-ज़मीन से बेदखल कर दिया जा रहा है। विरोध करने पर विकास-विरोधी कहकर उन्हें दण्ड दिया जा रहा है। 'जंगल का दाह' में इन्हीं स्थितियों का चित्रण हुआ है।

जंगल का दाह

स्वयं प्रकाश

मामा सोन अपने समय के प्रख्यात धनुर्धर थे।

मामा सोन जंगल में रहते थे, लंगोटी लगाते थे और वनवासियों के बच्चों को तीर-कमान चलाना सिखते थे। अपना धनुष और अपने बाण भी वह स्वयं बनाते थे। वनवासी खेती करना नहीं जानते थे। वहाँ ज़मीन ऐसी थी भी नहीं जिस पर आसानी से खेती की जा सके। उनकी आजीविका पशुपालन, वनोपज और शिकार से ही चलती थी। यह जरूर था कि हर वनवासी, चाहे लड़का हो या लड़की, अपनी रक्षा और आजीविका के लिए तीर-कमान चलाना जरूर सीखे।

मामा सोन को बच्चे घेरे रहते। वनवासी मामा सोन की बहुत इज़्ज़त करते और बच्चों को शिक्षा के लिए उनके पास भेजते समय बहुत-सा अनाज और सूखा मांस, पशुओं की खाल, बाँस से बनी घरेलू वस्तुएँ और जंगली कन्द-मूल वगैरह ले आते।

मामा सोन बच्चों के लिए उनकी कद-काठी और जरूरत के अनुसार तीर-कमान बनाते और सबसे पहले उन्हें चिड़ियों के नाम, आदतें, उनके आने के मौसम, बैठने के ठिकाने, उनकी प्रजाति की बढ़त-घटत का हिसाब और उनके खाद्य-अखाद्य होने की जानकारी—यह सब अपने शिष्यों को बताते। खुद आगे-आगे चलते और थोड़े ही दिनों में अपने शिष्यों को जंगल के चप्पे-चप्पे से परिचित करा देते। कुछ ही वर्षों में उनके शिष्य इतने पटु हो जाते कि एक-एक तीर से चार-चार चिड़ियाँ गिरा लेते।

मामा सोन अपने शिष्यों को तीर-कमान बनाना भी सिखाते। किस प्रकार के शिकार के लिए कैसे तीर की जरूरत होगी, किस तरह का फाल चमड़ी को कितनी गहराई तक भेदेगा, कैसी प्रत्यंचा तीर को कितनी दूर तक फेंकेगी वगैरह।

सुना है मामा सोन को ऐसे तीर बनाना भी आता था जो लक्ष्य भेदकर वापस कमान में आ जाता था। देखा तो किसी ने नहीं, लेकिन इस पर अविश्वास करने का भी कोई कारण नहीं था।

धीरे-धीरे मामा सोन की ख्याति दूर-दूर तक फैल गयीं।

एक दिन एक राजकुमार अपने नौकर-चाकर सैनिकों के साथ जंगल में शिकार खेलने आया। राजकुमार को न शिकार का कोई अनुभव था, न उसमें पशु-पक्षियों के साम्राज्य में प्रवेश करने की विनम्रता थी। नतीजा यह हुआ कि राजकुमार और उसके साथी हो-हल्ला करते हुए और ललकारते हुए जंगल में घुसे। चिड़ियों ने इन अजनबियों की अजीबोगरीब हरकतों को सन्देह के साथ देखा और इधर-से-उधर तक उड़कर और शोर मचाकर सारे जंगल को सावधान कर दिया। आसन्न अयाचित खतरे की सूचना पाकर सारे पशु-पक्षी अपनी-अपनी कोटरों-खोहों-बिलों-घोंसलों-गुफाओं में दुबक गये। राजकुमार और साथी शिकार की तलाश में खाली हाथ भटकते रहे।

लेकिन शेर किसी से क्यों डरे? तू राजा है तो हम भी राजा हैं। तू राजा का बेटा है तो हम भी हैं।

तो शेर पहुँच गया राजकुमार के सामने और सहज अभिवादन के भाव से दहाड़ा। खुले शेर को देखकर और उसकी दहाड़ सुनकर राजकुमार के सारे साथी भाग छूटे और राजकुमार चीखने-चिल्लाने लगा। राजकुमार की चीख-चिल्लाहट को आक्रमण की ललकार समझकर शेर ने राजकुमार पर हमला कर दिया।

ठीक इसी समय झाड़ी के पीछे छिपे मामा सोन के एक शिष्य ने शेर पर तीर चलाकर उसका ध्यान बँटाया और राजकुमार को सँभलने का मौका दे दिया। वह शेर को भगाता-भगाता राजकुमार से बहुत दूर ले गया। इस तरह उस दिन राजकुमार की जान बच गयी। मामा सोन के शिष्यों ने राजकुमार की सेवा-शुश्रूषा की और उसे सकुशल उसके राज्य में छोड़ आये।

राजकुमार ने घर जाकर सारी विगत राजा को बतायी तो राजा खुश हुआ और बहुत दुखी हुआ। खुश इसलिए हुआ कि उसके बेटे की जान बच गयी और दुखी इसलिए कि ये इतना बड़ा ढोर हो गया और अपनी खुद की रक्षा नहीं कर सकता तो मेरे राज्य की और राज्यवासियों की रक्षा कैसे कर पायेगा? उस दिन राजा ने राजकुमार को खूब लताड़ा।

राजा की लताड़ सुनकर राजकुमार सोच में पड़ गया और आखिर उसने धार लिया कि वह भी धनुर्विद्या सीखेगा और मामा सोन से ही सीखेगा।

राजा ने मामा सोन को अपने दरबार में बुला भेजा।

मामा सोन ने पहले तो संकोच किया, फिर इस शर्त पर राजकुमार को धनुर्विद्या सिखाने पर राजी हो गया कि इसके लिए राजकुमार को जंगल में ही रहना होगा।

राजा को भला इस पर क्या आपत्ति होती?

मामा सोन ने विद्यारम्भ की तिथि निर्धारित की और जंगल लौट आये।

कुछ दिन बाद राजधानी से बेलदार-मिस्त्री-लोहार-सुथार-संगतराश-कारीगरों-मजदूरों का एक बड़ा दल जंगल में आता दिखाई दिया। पता चला जंगल के बीच दो सर्व सुविधा सम्पन्न महल बनाये जायेंगे जिनमें रहकर राजकुमार धनुर्विद्या सीखेंगे।

लेकिन दो महल क्यों?

पता चला एक राजकुमार के लिए और दूसरा आचार्य शोण के लिए।

यह आचार्य शोण कौन हैं?

पता चला मामा सोन ही अब आचार्य शोण हैं।

फिर इतना ही नहीं, मामा सोन के लिए उपहारों की बैलगाड़ियाँ भी आने लगीं। इनमें जूते, धोती, मुकुट, शिरस्त्राण, मणिमालाएँ, आसन, आसन्दी, पर्यंक जाने क्या-क्या अल्लम-गल्लम। सच बात है। लंगोटी लगाने वाला मामा सोन राजकुमार का गुरु हो सकता है?

इन अभूतपूर्व गतिविधियों से जंगल की शान्ति भंग होने लगी। पेड़ कटने लगे। पानी-हवा दूषित होने लगे। पशु-पक्षी दूर भागने लगे। छिपने और डरने लगे। उग्र और हिंस्र होने लगे। राजा के आदमियों के उत्पात से वनवासी भी परेशान हो गये और घर छोड़कर भागने लगे। कोढ़ में खाज यह कि राजा ने आज्ञा निकालकर उस क्षेत्र में शिकार पर प्रतिबन्ध लगा दिया ताकि सारे पशु-पक्षी वनवासी ही न मार लें, कुछ राजकुमार के लिए भी बचे रहें। कहा यह गया कि वन्य जन्तुओं का संरक्षण आवश्यक है।

राजा ने यह भी आज्ञा प्रसारित कर दी कि अब से आचार्य शोण केवल राजकुमारों को धनुर्विद्या सिखायेंगे। पड़ौसी राज्य को सूचना भिजवा दी गयी कि अगली वसन्त ऋतु से हमारे यहाँ धनुर्विद्या प्रशिक्षण की उत्तम व्यवस्था आरम्भ हो रही है। यदि आप चाहे तो इतना कर व इतना दान हमारे राजकोष में जमा करवाकर अपने राजकुमारों को इतनी अवधि के लिए आचार्य शोण के आश्रम में भेज सकते हैं।

अब मामा शोण की कुटिया में अशर्फियों के टोकरे तो भरे हुए थे लेकिन अब कोई उन्हें अनाज, सूखा मांस, पशुओं की खाल, बाँस की बनी वस्तुएँ और जंगली कन्द-मूल लाकर नहीं देता था। इन चीजों की व्यवस्था भी मामा सोन को स्वयं करनी पड़ती थीं। वह कसमसा तो बहुत रहे थे लेकिन कुछ कर नहीं पा रहे थे।

कुटिया के बाहर सैनिकों का पहरा था। वह दिशा मैदान को भी जाते तो गुप्तचर उन पर नज़र रखते थे। हारकर उन्होंने खुद को नियति के हवाले कर दिया।

एक दिन राजकुमार ने मामा सोन से पूछा, ''सम्पूर्ण धनुर्विद्या सीखने में मुझे कितना समय लगेगा?''

मामा सोन ने कहा, ''सम्पूर्ण का तो मुझे नहीं मालूम, लेकिन सीखने के लिए तो पूरी उम्र भी कम है। सीखना तो जीवन भर ही चलता रहता है।''

राजकुमार ने पूछा, ''आपको जितना आता है, उतना सब मुझे कितने दिन में सिखा देंगे?''

मामा सोन ने कहा, ''वह तो सीखने वाले की लगन पर निर्भर करता है। पर फिर भी पूनम के छह चाँद तो मान ही लो।''

राजकुमार ने पूछा, ''क्या अवधि कुछ कम नहीं हो सकती?''

मामा सोन ने कहा, ''खूब मन लगाकर सीखोगे तो हो सकता है पाँच चाँद में ही सीख जाओ। पर उसके बाद भी अभ्यास जारी रखना होगा। सब कुछ अभ्यास पर ही निर्भर करता है।''

राजकुमार ने कुछ सोचने के बाद कहा, ''मैं तुम्हें इस काम के लिए एक महीने से ज्यादा समय नहीं दे सकता। एक महीने में जितना जानते हो फटाफट मुझे सिखा देना। वरना मैं दूसरा गुरु ढूँढ़ लूँगा।''

राजकुमार इतना कहकर अपने निर्माणाधीन भवन की ओर जाने लगा। मामा सोन ने उसे पुकारकर रोका और पास जाकर कहा, ''इससे पहले कि विद्यारम्भ का दिन आये, मैं चाहता हूँ कि तुम मेरे साथ घूमकर पूरा जंगल अच्छी तरह देख लो।''

''जंगल के बारे में गुप्तचरों ने मुझे सब कुछ बता रखा है।''

''फिर भी, अपनी आँखों से देखने की तो कुछ बात ही और होती है।''

''देखना क्या है? जंगल में होता क्या है? पेड़। जैसे यहाँ हैं, वैसे ही वहाँ भी होंगे।''

''शिकारी को जंगल के चप्पे-चप्पे से परिचित होना चाहिए। कहाँ दलदल है, कहाँ सूखी ज़मीन, कहाँ गहरा पानी, कहाँ जानवरों का पानी पीने का स्थान, कहाँ मधुमक्खियों के छत्ते हैं, कहाँ सियार व लोमड़ी ने माँद में बच्चे जने हैं। किस मौसम में कौन-से पक्षी आते हैं, और कब किसका कहाँ शिकार करना चाहिए। अपनी झोंक में शिकार के पीछे भागते हुए यदि तुमसे किसी निर्दोष मासूम का घरौंदा दब गया या घोंसला टूट गया या छत्ता बिखर गया या बिल धसक गया तो तुम मुसीबत में फँस जाओगे। एक छोटी-सी जंगली मक्खी भी तुम्हारी जान ले सकती है।''

मामा सोन की बात सुनकर राजकुमार ने लापरवाही से कहा, ''मुझे कौन-सा हमेशा जंगल में रहना है? मैं तो अपनी राजधानी में रहूँगा, जहाँ अनगिनत सुख हैं। केवल कभी-कभी जब सुखों से ऊब जाऊँगा, अपने साथियों के साथ यहाँ आ जाया करूँगा, आखेट-क्रीड़ा के लिए।''

मामा सोन को आश्चर्य जैसा हुआ। पूछा, ''आखेट को तुम्हारी भाषा में क्रीड़ा कहते हैं? हमारी तो यह आजीविका है। हम तो अपने अस्तित्व की रक्षा के लिए आखेट करते हैं। वह भी हमें एक ही दिन नहीं करना है इसलिए इस बात का भी ध्यान रखते हैं कि किसको मारना और किसको नहीं मारना है। हमारे आखेट से पशुओं की संख्या कम नहीं होती...''

मामा सोन की बात काटकर राजकुमार बोला, ''आजीविका थी, अब नहीं रहेगी। आखेट पर प्रतिबन्ध लगाया जा चुका है। अब तो मैं ही मारूँगा जितने भी मारूँगा। और जब सिर्फ मुझे ही मारने हैं तो कितने भी मारूँ। क्या फ़र्क़ पड़ता है?''

राजकुमार की बात सुनकर मामा सोन को धक्का लगा। दुखी मन से लौट गये। अगली सुबह राजकुमार के नवनिर्मित महल में गये और बोले, ''कल से तुम्हारी शिक्षा शुरू हो जायेगी। कल ब्राह्म मुहूर्त में उठना और शुद्ध होकर मेरे पास आना। हम व्यायाम करेंगे, वनदेवी की पूजा करेंगे और अपने तीर-कमान लेकर प्रशिक्षण स्थल चलेंगे। रोज़ यही करना होगा।''

''व्यायाम क्यों? मुझे धनुर्विद्या सीखनी है, मल्लविद्या नहीं। और जल्दी उठने की तो मुझे आदत ही नहीं है। फिर भी कोशिश करूँगा।'' राजकुमार ने अरुचिपूर्वक कहा।

मामा सोन जाने लगे तो राजकुमार मन-ही-मन बड़बड़ाया, ''कल को कहेंगे लंगोटी लगाकर घूमना पड़ेगा। लगता है पूरा जंगली बनाकर छोड़ेंगे।''

आखिर विद्यारम्भ का दिन आया। वनदेवी को प्रणाम करके मामा सोन और राजकुमार ने अपने-अपने धनुष-बाण उठाये और जंगल के भीतर एक अपेक्षाकृत खुले स्थान पर आ गये।

मामा सोन ने कहा, ''तो चलो, चिड़ियों से ही शुरू करते हैं। सामने पेड़ पर ढेर सारी चिड़िया बैठी हैं। इनमें से वह नीली वाली चिड़िया देखते हो? वह अपनी तीखी-लम्बी चोंच से दूसार चिड़ियों के अण्डे फोड़ देती है। उसे मार गिराओ!''

राजकुमार ने तीर चलाया। एक भी चिड़िया न गिरी, न उड़ी।

उसने मायूसी से मामा सोन को देखा।

मामा सोन ने तीर चलाया। तीर एक ही डाली से जा लगा। सारी चिड़िया उड़ गयीं।

"लेकिन ये तो हिलती हैं।" राजकुमार ने परेशान होकर कहा।

"कोई बात नहीं, आओ घूमते हैं।" मामा सेन ने कहा।

दूसरे दिन मामा सोन राजकुमार को फिर उसी जगह ले गये। आज भी उस पेड़ पर पचासियों चिड़िया बैठी थीं, लेकिन एक भी चिड़िया हिल-डुल नहीं रही थी। मामा सोन ने राजकुमार से कहा, "इनमें से किसी भी एक को गिरा दो।"

राजकुमार ने एक-एक करके सात तीर चलाये लेकिन एक भी चिडिया नहीं गिरी। मामा सोन ने ठीक से तीर पकड़ना, प्रत्यंचा ठीक से खींचना, निशाना ठीक से लगाना आदि सिखाया, पर सब बेकार। मामा सोन ने स्वयं निशाना लगाया। एक साथ दस चिड़िया गिर गयीं। राजकुमार ने पास जाकर देखा। सब नकली थीं। वह मायूस हो गया।"

"चिड़िया बहुत छोटी-छोटी हैं।" राजकुमार बोला।

"कोई बात नहीं, देखा जायेगा। आओ, आज इस तरफ घूमते हैं।"

वह दिन भी तीर-कमान उठाये-उठाये घूमने में ही निकल गया। अगली सुबह फिर दोनों उसी स्थान पर पहुँचे।

राजकुमार ने देखा पेड़ पर एक मोटे-ताजे मुर्गे जितनी बड़ी नकली चिड़िया लटक रही है। मामा सोन ने कहा, "इस पर दस तीर चलाओ। दस में से एक-न-एक तो इसे गिरा ही देगा।"

राजकुमार ने दस तीर निशाना साधकर लगाये, लेकिन मोटी चिड़िया जहाँ की तहाँ थी।

"यह बहुत ऊपर है।" राजकुमार ने कहा, "इतना ऊपर निशाना साधने की कोशिश में मेरा हाथ काँप जाता है।"

"कोई बात नहीं। इसका भी कुछ उपाय करेंगे। चलो, घूमने चलते हैं। आज उस तरफ।" राजकुमार ऊबने लगा।

अगले दिन मामा सोन ने एक पटिये पर एक बड़ी-सी चिड़िया बनाकर ज़मीन पर रखी दी और राजकुमार से कहा कि सौ कदम दूर से चिड़िया की आँख पर निशाना साधकर दस तीर चलाओ।

राजकुमार ने दस तीर चलाये जिनमें से तीन ही चिड़िया को लगे। आँख पर तो एक भी नहीं।

राजकुमार गुस्से में पाँव पटकने लगा। उसने धनुष भी तोड़ दिया।

मामा सोन ने उसे समझाया-बुझाया और कहा कि चिड़िया का शिकार करने चले हो तो चिड़िया तो छोटी होगी, वह बैठेगी भी पेड़ पर ही और हिलेगी क्या उड़ेगी भी। क्या तुम यह सोचते हो कि चिड़िया को उड़ना नहीं चाहिए?

क्या तुम यह चाहते हो कि तुम्हारा शिकार परम आज्ञाकारितापूर्वक तुम्हारे सामने मरने के लिए स्थिर बैठा रहे?

राजकुमार को कुछ समझ में नहीं आया, उसने घूमने चलने से भी मना कर दिया और अपने नये महल में जाकर सो गया।

अगली सुबह जब राजकुमार मामा सोन के साथ धनुर्विद्या सीखने के स्थान पर पहुँचा तो उसने देखा कि कोई सौ कदम दूर ज़मीन पर एक बड़ा-सा खाली तख्ता खड़ा है। उसे समझ में नहीं आया कि यह क्या माजरा है?

मामा सोन ने राजकुमार से कहा, ''यहाँ खड़े होकर इस तख्ते पर दस तीर चलाओ।'' राजकुमार ने ऐसा ही किया। दस में से नौ तीर तख्ते पर लगे थे, एक छिटक गया था।

तब मामा सोन ने ज़मीन पर से एक कोयले का टुकड़ा उठाया और तख्ते पर जहाँ-तहाँ राजकुमार का तीर लगा था, हवाँ-वहाँ एक चिड़िया बना दी और बोले, ''तुम्हारे लिए फिलहाल यही ठीक रहेगा। अब तुम कह सकते हो कि आज तुमने दस में से नौ चिड़िया मार गिरायीं। कुछ दिन इसी का अभ्यास करना। आओ, अब घूमने चलते हैं। आज मैं तुम्हें हुदहुद दिखाऊँगा। वह आयी हुई है।''

दो दिन बाद राजा का भेजा मन्त्री यह जानने आया कि राजकुमार का प्रशिक्षण कैसा चल रहा है? उसे बता दिया गया कि बहुत अच्छा चल रहा है। एक दिन महीने भर की समाप्ति पर भी राजकुमार को बस इतनी धनुर्विद्या आ पायी कि वह तख्ते पर तीर चलाये और 'दस में से नौ' चिड़िया मार गिराये।

एक महीना पूरा होने पर राजा हाथी-घोड़ों-मन्त्री-कारिन्दों और एक सैनिक टुकड़ी के साथ स्वयं बेटे का धनुर्विद्या प्रशिक्षण देखने आया। राजा की सवारी के जुलूस के जंगल में आने की खबर नन्हीं चिड़ियाओं ने दूर-दूर तक फैला दी। राजा देखते ही समझ गया कि मामा सोन ने राजकुमार की शर्तों पर उसे धनुर्विद्या सिखाने से एक तरह से साफ मना कर दिया है। राजा को गुस्सा तो अपने बेटे की नालायकी पर आ रहा था—लेकिन जो भी हो, वह उसका बेटा ही नहीं, राजगद्दी का उत्तराधिकारी और भावी राजा भी था—इसलिए उसे कुछ कहने के बजाय राजा ने मामा सोन की मुश्कें कसवा दीं और बेटे से कहा, ''आज तेरा गुरु ही तेरा तख्ता है। इसी पर तीर चला। क्योंकि मैं चाहता हूँ कि यदि तू नहीं सीख पाये तो दूसरा कोई भी मामा सोन की धनुर्विद्या न सीख पाये।''

मामा सोन जानते थे कि एक दिन यह होगा। और वह मन-ही-मन इसके लिए तैयार भी थे। राजकुमार धनुर्विद्या में एकदम कोरा सही लेकिन तख्ते पर 'दस में से नौ' चिड़िया तो मार ही लेता था। फिर यहाँ तो एक जीता-जागता

मनुष्य था। मनुष्य से बड़ा कौन-सा लक्ष्य हो सकता है? खासकर जब उसकी मुश्कें बँधी हों और पीठ पर राजा का हाथ भी हो।

राजकुमार ने कमान पर तीर चढ़ाया और साँस रोककर निशाना साधा।

लेकिन इससे पहले कि तीर राजकुमार की कमान से निकलता, चारों तरफ के घने पेड़ों के पीछे से सैकड़ों तीरों की वर्षा शुरू हो गयी। राजा के सैनिकों में भगदड़ मच गयी और वे छिपने की और मोर्चा लेने की जगह ढूँढ़ने लगे। कुछ ही देर बाद चारों तरफ से भालू, बन्दर, सियार, लोमड़ी, बाघ, बघेरे, साँप, बिच्छू, ततैया, मधुमक्खी, चील, बाज, हिरन, बारहसिंघा, लकड़बग्घा, ऊदबिलाव, गैंडे, भैंसे, जिराफ, हाथी निकल आये और भयानक गर्जनाएँ करते हुए राजा के सैनिकों को उठा-उठाकर इधर-से-उधर फेंकने लगे। जंगल के इस अचानक और अप्रत्याशित आक्रमण से राजा की प्रशिक्षित सैन्य टुकड़ी के भी पैर उखड़ने लगे। चिलपुकार और बचाओ-बचाओ की चीखों के बीच सैनिक उल्टे पैर भागने लगे। कुछ वफादार सैनिकों ने राजा और राजकुमार को एक घेरे में ले रखा था। जब उन्होंने देखा कि इस हमले का मुकाबला नहीं कर पायेंगे तो वे भी घायल राजा और राजकुमार को लेकर भाग छूटे।

लेकिन कमीने जाते-जाते जंगल में आग लगा गये।

वन के पशु-पक्षी और वनवासी राजा की फौज से टक्कर ले सकते थे, लेकिन अग्नि देवता के आगे उनका कोई बस नहीं चल पाता था।

अफसोस कि न मामा सोन को बचाया जा सका, न उनकी धनुर्विद्या को। जो वहाँ बचा, वह बस राख-ही-राख थी। राजकुमार का महल भी जलकर राख हो गया था। राजा और उसके वफादार सैनिक भी। कहने वालों ने कहा कि बरसात के बाद वहाँ वन्य वनस्पति और ज्यादा लहलहाकर फूटेगी। कहने वालों ने यह भी कहा कि वनवासियों के बीच से ही एक दिन फिर कोई मामा सोन जन्म लेगा।

ऐसा हुआ या नहीं, पता नहीं।

आज मामा सोन के वंशज शहर में बाँस की टोकरियाँ, तार के छींके और गत्ते के तोते-चिड़िया आदि बनाकर बेच रहे हैं।

सुना है उनके इलाके में कोई बड़ा बाँध बन रहा है जिससे देश की बड़ी तरक्की होगी।

मामा सोन के वंशजों और शिष्यों को जंगल से हकाल दिया गया है।

उषा प्रियंवदा

उषा प्रियंवदा का जन्म सन् 14 दिसम्बर 1930 को हुआ। इलाहाबाद विश्वविद्यालय से एम.ए. तथा डॉक्टरेट की उपाधि प्राप्त करने के बाद प्रियंवदा इसी विश्वविद्यालय में प्राध्यापक के रूप में अध्ययन-अध्यापन करती रहीं। आजकल अमेरिका के एक विश्वविद्यालय में अध्यापन कर रही हैं। उषा प्रियंवदा मुख्यतः कथाकार ही रही हैं। पचपन खम्भे लाल दीवारें, रुकोगी नहीं राधिका, शेष यात्रा, अन्तर्वंशी आदि उपन्यास तथा ज़िन्दगी और गुलाब के फूल, कितना बड़ा झूठ, कोई एक दूसरा, मेरी प्रिय कहानियाँ आदि कहानी संकलन प्रकाशित हैं।

छुट्टी का दिन

कहानी में आधुनिक जीवन में व्याप्त अकेलेपन की पीड़ा का चित्रण है। कहानी की नायिका माया एक प्राध्यापिका है, जो अविवाहित है तथा अपने परिवार से दूर शहर के एक महाविद्यालय में नौकरी करती है। सप्ताह के कामकाजी दिन तो व्यस्तता में बीत जाते हैं, लेकिन इतवार-छुट्टी का दिन अपने अकेलेपन में बोझिल और उबाऊ होता है। सप्ताह भर जो काम टालती आती थी, उन्हें खत्म करके भी इतना समय बच जाता था कि खीझ उठती थी। और जब भाई-बहन के साथ घर पर रहती थी तो समझ भी न पाती थी कि इतवार कब आया और कैसे पंख लगाकर उड़ गया। सम्पूर्ण कहानी में माया छुट्टी के दिन की उबन-खीज को मिटाने के लिए अनजाने शहर में नींद, फिल्म परिचितों-रिश्तदारों से मिलना आदि प्रयास करती है, लेकिन अपने अकेलेपन को वह पाट नहीं सकती, अपितु इन प्रयासों से वह और भी ऊब महसूस करती है। अपने भीतर का अकेलापन उसे और भी सन्त्रस्त कर देता है।

छुट्टी का दिन

उषा प्रियंवदा

पड़ोस के फ्लैट में छोटे बच्चे के चीख-चीखकर रोने से माया की नींद टूट गयी। उसने अलसी पलकें खोलकर घड़ी देखी, पौने छह बजे थे। फिर उसे याद आया, आज तो छुट्टी का दिन है। उसने पैर फैला लिए। पलकें आँखों पर ढलक आने दीं। वह रेशमी चादर का नरम चिकना स्पर्श गालों पर महसूस करती हुई पड़ी रही। नींद की मीठी खुमारी अब भी उस पर छायी थी। खुली हुई खिड़की से सवेरे की ठण्डी हवा आ रही थी, पूरी तरह से जगी होने पर भी नींद को बहलाकर फिर बुलाना चाह रही थी। पर वह बच्चा था कि रोये जा रहा था। छोटा-सा कोमल गोरा-गोरा बच्चा! गोल मुँह पर भवों की पतली-सी लकीरें, लम्बे-लम्बे रेशमी पलक। जब क्रोधित होकर रोता था तो गोल-गोल आँसू गालों पर आ फिसलते थे और सारा काजल अपने साथ बहा ले जाते थे।

छुट्टी का दिन माया के लिए पहाड़-सा होता था, सप्ताह-भर जो काम टालती आती थी कि उन्हें खत्म करके भी इतना समय बच जाता था कि खीझ उठती थी। और जब भाई-बहनों के साथ घर पर रहती थी तो समझ भी न पाती थी कि इतवार कब आया और कैसे पंख लगाकर उड़ गया।

रोज़ की तरह आज भी चैती दरवाज़े पर धक्के देने लगी। तकिये में मुँह गड़ाकर माया ने अनसुनी करने की चेष्टा की पर लगातार धक्कों के साथ चैती ने ''बीबी जी'' की पुकार लगानी शुरू कर दी तो माया ने ठण्डी साँस ली, चादर हटाकर आँखें मूँदे-मूँदे ही उसने टटोलकर पैर स्लीपरों में डाले और दरवाजे की तरफ बढ़ी, अभ्यस्त उँगलियों ने चटखनी गिरा दी और सवेरे-सवेरे चैती का मुँह न दीख जाये, इसलिए वापस मुड़कर अपने बिस्तर पर आ गिरी। उसका मन चैती को भरपूर डाँट लगाने का हो रहा था, पर पलकों पर अभी भारीपन था।

इसलिए वह चुप ही रही। चैती ने पहले नल खोलकर बर्तन उसके नीचे डाल दिये और खुरखुर करती हुई झाड़ू लगाने लगी।

तब माया उठकर बैठी। हाथ फैलाकर अँगडाई ली, फिर जोर से कहा, "सोने नहीं दिया न? क्यों चैती?"

धोती का पल्ला कमर में खोंसे झाड़ू हाथ में लिए पर्दा हटाकर चैती ने दर्शन दिये। कहा, "सोती काहे नहीं?" और पर्दे के पीछे गायब हो गयी।

माया उठकर खिड़की के पास आयी। इधर-उधर के फ्लैट्स में हलचल हो रही थी। एक तरफ दूध वाला अपनी बाल्टी में मैला-गन्दा हाथ बार-बार डाल दूध नाप रहा था। हर बार नाप का बर्तन बाल्टी से टकराता और फिर लोटे में दूध गिरने की आवाज़ के साथ दूध वाले का मोटा खरखराता कण्ठ कहता, चार-पाँ-छह।

माया ने गुसलखाने में जाकर बेसिन में नल खोल अपने हाथ उसके नीचे कर दिये। पानी की तेज और ठण्डी धार हाथों पर पड़ती रही। चौके से चैती की खटपट सुनाई देती रही। माया ने गीत की एक कड़ी गुनगुनाने का प्रयत्न किया, पर आवाज बेसुरी हो गयी। उसकी आँखें बेसिन के ऊपर लगे शीशे में अपना प्रतिबिम्ब देख रही थीं—सूना मुँह, सूनी आँखें। एक क्षण को उसे लगा कि यह प्रतिबिम्ब किसी और का है। वह स्वयं कैसे इतनी थकी, इतनी टूटी-सी हो सकती है। शीशे के अन्दर से वह अनजान-सी युवती, माया को, जैसे पहचानने की कोशिश कर रही हो, ऐसे देखती रही, जब तक माया ने भीगे, असहाय, विवश हाथों से अपने बाल छूते हुए दृष्टि हटा न ली। उजले, सफेद बेसिन के किनारे पानी की बूँदें फिसल रही थीं। माया की आँखें उस एक बूँद पर टिक गयीं, जिसे सूरज की पहली किरन ने इन्द्रधनुषी रंगों से सजा दिया था। बूँद हिली फिर चिकने बेसिन पर फिसलती हुई पानी की धारा में मिल गयी।

माया ने रुकी हुई लम्बी साँस बाहर आ जाने दी। फिर अपने पर जैसे काबू पा, दोनों हाथों से अँजुलियाँ भर-भर अपने मुँह पर जोर से छींटे देने लगी। उसी तरह पानी भरती और मुँह पर उछाल देती, बिना कुछ सोचे, बिना कुछ सोचने का यत्न किये।

फिर उसने नल बन्द कर दिया। तौलिया उठाई और उसके नरम-नरम रोयों में अपना मुँह छिपा लिया। कुछ देर बाद उसने हाथ बढ़ाकर तौलिया स्टैण्ड पर फेंक दी। तौलिया ज़मीन की ओर तेजी से गिरी, पर तभी खूँटी में उसका कोना फँस गया और वह झूलती रही, धीरे-धीरे बेबस-सी, पर माया ने उधर नहीं देखा, वह फिर पंजों पर जोर दे शीशे में झाँकने लगी थी, एक अदम्य आशा लिए कि शायद इस बार वह झाँकने वाली युवती पहले से भिन्न हो और वह कुछ भिन्न

थी भी, उजले कायों में बड़ी-सी तरल पुतलियाँ, ओठों में कोमलता, माया के देखते-देखते वह खिंचे और खुल गये। उस छोटी-सी मुस्कान ने सारे चेहरे पर एक कमनीय स्निग्धता ला दी। माथे को घेरे हुए जो बालों की लटें थीं, उनमें कुछ बूँदें उलझी थीं, माया ने गर्दन मोड़ी तो कनपटी के पास...एक बूँद में उसे रंग दिखाई दिये, ढेर सारे रंग, चमकते हुए, झिलमिलाते हुए, तड़पते हुए, कहीं वह गिर न जायें—इस डर से माया शीशे के आगे से हट आयी। दरवाज़ा खोला और कमरे में आकर कुर्सी पर पैर उठाकर बैठ गयी। हाथ गाल पर टिकाकर सोचा, और अब?

चैती पास की मेज पर चाय पहले ही रख गयी थी। रोज़ की तरह मोटे, पतले, बेढंगे, कहीं गीले, कहीं कड़े टोस्ट थे, रोज़-रोज़ का सुनहरी धारी वाला नाज़ुक प्याला था, वही कढ़ी हुई कोज़ी थी, जिस पर एक चिड़िया पंख खोलकर उड़ने को तैयार थी। पर उड़ेगी नहीं, उड़ सकती भी कैसे थी? उसे देखकर माया का मन एक निरर्थक आक्रोश से भर उठा था। उसका मन हुआ कि पैर से ठोकर मारकर मेज उलटा दे और सरे बर्तन खनखनाकर ज़मीन पर जा गिरें। चीनी के बर्तनों के टूटने की आवाज कितनी प्रिय होती है! पर मन में उसके मूल्य का अन्दाज़ा लगा और यह सोच कि बेकार में नये खरीदने पड़ेंगे, उसने अपने को रोक लिया और प्याले में चाय उँड़ेलने लगी।

गरम चाय को गले से उतार वह फिर खिड़की के पास जाकर खड़ी हो गयी। नीचे सड़क थी, कहीं-कहीं तारकोल हट जाने के बड़े-बड़े धब्बे थे। कहीं गहरे गढ़े थे। अगर किसी ताँगे का पहिया उसमें फँस जाता तो चाबुक फटकारकर ताँगे वाला एक गाली दे उठता, अगर रिक्शे का पहिया होता तो रिक्शे वाला जोर लगाकर निकलने की कोशिश करता और अगर तब भी न निकलता तो सवारियों को उतरना पड़ता। इस बाधा से उनके चेहरे रोष से लाल हो जाते और बाद में मैले अँगोछे से माथा पोंछता रिक्शा वाला और सवारियाँ सड़क की ऐसी हालत पर दुख से सिर हिलाते नजरों से दूर हो जातीं। सड़क के उस पार एक इमारत थी, बड़ी-सी, पुरानी-सी जिसे मरम्मत की सख्त जरूरत थी। सड़क की तरफ मुँडेर थी जिस पर एंटिगोनम की लता छायी हुई थी और पोर्टिको की धूमिल पीली दीवारों पर गहने बैंगनी रंग में फूलती हुई घनी बेगमबेलिया थी। अपने वैभव में लचकती, झूलती, बल खाती। जब हवा आती तो माया अपनी खिड़की से उनसे बैंगनी रंग के फूल टूट-टूटकर उड़ते हुए देख सकती थी। उन तीन पँखुड़ियों के फूलों में कितना रंग था, कितनी मृदुता, पर माया के दिल में वह एक घनी पीड़ा भर जाते थे। इस वक्त सूरज की किरणें बेगमबेलिया पर

पड़कर उसके रंग को और चटकीला बना रही थीं। सुबह की हवा से कभी-कभी कोई फूल नीचे भटककर आ गिरता था।

माया उसमें डूबी हुई थी, रमी हुई थी, हाथ खिड़की पर टिके थे, आँखें सामने, उसने नहीं जाना कि कब चैती आयी। जब पायदान के पास बैठकर उसने दो बार झाड़ू ज़मीन पर पटकी तो उसने आँखें हटाईं। वह कल्पना और स्वप्न थे, यह कमरा, ये दीवारें, यह बन्धन, जीवन और सत्य।

मालकिन का ध्यान अपनी ओर आकर्षित हुए देख चैती ने कहा, ''खाएका का बनिहै?''

इतवार का दिन है, छुट्टी का दिन, आज तो कुछ विशेष खाना बनाना चाहिए, चैती को स्वामिनी का खोयापन अच्छा नहीं लगा।

''न खाबे का शौक, न पहिरे का!'' सिर हिलाते हुए उसने जो झाड़ू पटकी तो लाख की एक चूड़ी चट से टूट गयी। उसके टुकड़े बीनते हुए चैती ने कहा, ''का बनाई?''

''कुछ भी बना लो।'' माया ने उदासीनता से कहा।

''खिचरी डाल देई?'' व्यंग से चैती ने पूछा।

''अयं खिचड़ी...वहीं बना दो।'' माया ने कहा।

तब चैती ने कहा, ''ऐ बिटिया! तोहार अस परानी हम नाहीं देखा, न कबो कछू खायें न बनवायें। हमहूँ आदमी हन। हमरो मन है, हम खीर-पूरी खाब, कहै देइत है। दूध हम लै लिया है।''

चैती ढीठ हो गयी, पर माया ने कुछ नहीं कहा। हटकर चली आयी और कपड़ों की अलमारी खोली, कुछ रेशमी कपड़े धोने के लिए सप्ताह-भर से रक्खे थे, उन्हें बाहर किया, और जाकर गरम पानी में साबुन घोलकर डाल दिये, अनमनी होकर फिर आकर अपनी मेज पर बैठ गयी। एक ओर कापियाँ रखी थीं। उन पर धूल की गहरी परत थी। माया ने लाल पेंसिल उठा ली, धूल झाड़कर एक कापी खोली, गलतियों पर गहरे लाल निशान लगा दिये, पर मन उसमें भी नहीं लगा। हाथ बढ़ाकर पास की छोटी मेज़ पर से अखबार उठा लिया, खोला।

अचानक ही वह कुर्सी खिसकाकर उठ खड़ी हुई, घड़ी पर नजर डाली तो पाया कि बड़ी आसानी से दस बजे की फिल्म देखी जा सकती है। जाकर फिर अलमारी खोली। कुछ सोचकर एक साड़ी निकालकर पलंग पर रख दी और तैयार होने लगी। अभ्यस्त हाथों ने बाल ठीक किये। पाउडर लगाया। कुछ देर अपने को देखती रही और फिर लिपस्टिक उठाकर अपने ओंठ, खूब गहरे लाल कर लिए। कपड़े बदले और चैती से कहा, ''मैं सिनेमा जा रही हूँ।''

चैती ने पूछा, "कब तक अइहों?"

"यही बाहर-साढ़े बारह तक," और पर्स उठाकर बाहर आ गयी। खुली खिड़की से हवा आयी और अखबार के पृष्ठ फर्श पर जा गिरे, खुली कापी के पेज सरसराते रहे, मेज़पोश का कोना हिलता गया।

और हॉल में बैठी माया को लगा कि जिस अकेलेपन से बचना चाहकर वह सिनेमा चली आयी थी, उससे निष्कृति कहाँ हुई? अभी उसकी नितान्त अकेले बैठकर सिनेमा देखने की आदत नहीं हुई थी, कुछ विचित्र और अटपटा-सा लग रहा था। इंटरवेल में उसने एक उड़ती-सी नजर से इधर-उधर देखा तो पाया कि कॉलेज की संस्कृत टीचर मिसेज भारद्वाज भी कुछ दूर बैठी हैं, उन्होंने भी माया को देखा और हाथ हिलाकर पास बुलाया। माया को उनका साहचर्य विशेष प्रिय न था पर यह सोचकर कि एक से दो भले, उठकर उनके पास चली गयी।

"अकेले ही हो," प्रश्न हुआ। मिसेज भारद्वाज की तीव्र दृष्टि माया पर थी।

"जी।"

"आज तो तुम पहचानी नहीं जा रही हो," कुछ व्यंग्य से मिसेज भारद्वाज ने कहा।

उत्तर में माया ने मुस्कुरा-भर दिया।

तभी एक वयस्क-से सज्जन उसकी ओर देखते हुए पास आ गये। मिसेज़ भारद्वाज ने कहा, "यह मेरे पति हैं, मि. भारद्वाज! आप मिस सहगल...हमारे कॉलेज में हिन्दी पढ़ाती हैं।" मि. भारद्वाज ने नमस्कार किया और पास वाली सीट पर बैठ गये। कुछ वार्तालाप करने का प्रयास करते हुए पूछ लिया, "अभी ही आयी हैं आप?"

कुण्ठित हो माया ने कहा, "जी।"

पत्नी की ओर उन्मुख होकर पूछा, "चाय वगैरा कुछ मँगवाऊँ?"

"मँगवा लें। यह साड़ी बड़ी प्यारी है! यहीं से ली है?" मिसेज भारद्वाज ने पूछा।

"मदर ने भेजी है।"

"आपका घर यहाँ नहीं है?" मि. भारद्वाज को जैसे कुछ बात करने का विषय मिला।

"नहीं-नहीं," और फिर कहा, "लखनऊ में है।"

"वहाँ से आप यहाँ आयीं? इस छोटे शहर में?"

माया की मुस्कान अनजान में ही विषादपूर्ण हो गयी। कहा, "यहाँ आसानी से नौकरी मिल गयी।"

"आपको कभी पहले नहीं देखा।"

पति को धीरे-धीरे खुलते देख मिसेज भारद्वाज ने कुछ चेतावनी के से स्वर में कहा, "यह नयी आयी हैं इसी साल।"

बेयरा के चाय ले आने से व्यवधान पड़ा। माया ने अभी एक घूँट ही चाय पी थी कि हॉल की रोशनी बुझ गयी। उसके उठने का उपक्रम करने पर मिसेज भारद्वाज ने बाँह पर हाथ रखकर रोकते हुए कहा, "यहीं बैठी रहो न!" माया फिर बैठ गयी, पर उसका मन हो रहा था कि वह मिस्टर और मिसेज भारद्वाज के बीच की सीट से उठ इधर मिसेज भारद्वाज के पास बैठ जाये पर यों उठ जाना अभद्रता होती। मि. भारद्वाज शालीनता से बैठे रहे। कभी भूल से भी उनकी कोहनी या कन्धा माया ने नहीं छुआ, पर कुछ हँसी की बात पर उनका जोर से, खुलकर हँसना माया को खटक जाता था। आखिर ऐसा ठहाका, जो हॉल गूँज जाये, लगाने की क्या जरूरत? बीच में माया ने अपने को झिड़का भी कि इस जरा-सी बात पर वह बेकार ही मन-ही-मन क्यों कुढ़ रही है।

फिल्म अधिक लम्बी न थी। जब समाप्त हुई तो माया ने मानसिक यातना से छुटकारा पाया। शिष्टता के साथ, जितनी जल्दी उनसे छुट्टी ले सकती थी, लेकर माया अलग हुई, पर अभी उसका मन घर आने को न हुआ। सड़क के एक किनारे खड़े होकर कुछ देर सोचा कि और क्या किया जाये। ध्यान आया कि रिश्ते के एक भाई यहीं-कहीं आसपास रहते हैं और माया के न आने का कई बार उलाहना दे चुके हैं। उनके घर आधा घण्टा बिता आया जाये। पर्स में एक स्लिप पर उनका पता लिखा था, उसे ढूँढ़कर निकाला।

घर उनका आसानी से मिल गया। बाँसों को बाँधकर एक घेरा-सा बना दिया गया था। कुछ सूखे-सूखे टमाटर के पेड़ और कुछ गेंदे फूल रहे थे। माया ने दरवाजे पर थपकी दी। कुछ देर में एक महिला अन्दर से झाँकी, अन्दाज़ से सोचकर कि यही भाभी होंगी, माया ने नमस्कार कर कहा, "चन्दन भाई साहब हैं? मैं माया हूँ।"

भाभी उत्तर में मुस्कुराई और दरवाजा खोलते हुए कहा, "आइए।"

कमरे में एक गन्दी-सी निवाड़ का पलंग पड़ा था, पास ही चारपाई थी जिस पर बिस्तर बिछा था। एक गीली-सी गद्दी भी थी और सिरहाने छोटे बच्चे के कुछ कपड़े।

"बैठिए।"

माया पलंग की पट्टी पर बैठ गयी, भाभी की धोती मैली थी और उसमें से घी की तेज महक आ रही थी।

''आपने मुझे पहचाना न होगा। चन्दन भाई साहब की चाची हैं न...वह मेरी बुआ लगती हैं।''

सम्बन्ध जानकर भाभी ने कहा, ''ओ बांदे वाली सासजी की आप भतीजी हैं! इन्होंने जिक्र तो किया था।''

''कहाँ हैं भाई साहब?'' माया ने पूछा।

''आज इतवार है, घूमने चले गये हैं।'' उत्तर मिला।

''कब तक लौटेंगे?'' फिर यह देख कि वह अभी खड़ी ही है, माया ने कहा, ''आप भी तो बैठिए।''

''चूल्हे पर तरकारी चढ़ी है।'' और उसका ध्यान आते ही भाभी बोली, ''अभी दो मिनट में आयी।'' कहकर कमरे से चली गयी। माया उसी तरह पट्टी पर बैठी निरुद्देश्य इधर-उधर देखती रही। कमरे के बाद बरामदा था और उसी के निकट शायद चौका, क्योंकि कढ़ाई में कलछी चलने की आवाज साफ सुनाई दे रही थी। फिर एक छनाका हुआ, शायद पानी डाला गया और फिर हाथ में दरी लिए भाभी आयी और कहा, ''उठिए, इसे बिछा दूँ तो आराम से बैठिए।''

दरी बिछाते हुए कहा, ''आज तो आपकी छुट्टी होगी, इतवार है।''

''जी।''

''आपको तो खूब अच्छा लगता होगा।''

प्रश्न सुन माया कुछ देर चुप रही, फिर कहा, ''जी हाँ, लगता तो है। वैसे तो कॉलेज का ही काम रहता है। कभी-कभी इधर-उधर चले गये, सिनेमा वगैरा। अब सिनेमा से ही आ रही थी, सोचा कि मिलते चलें।''

बड़ी हसरत से भाभी ने कहा, ''अकेले रहने में तो यह है ही, जो मन आया, कर लिया। शादी से पहले मुझे सिनेमा देखने का बड़ा चाव था, मेरे एक चाचा गेटकीपर थे, तब मुफ्त में देखते थे, पर अब तो साल-डेढ़ साल से कोई सिनेमा नहीं देखा। मुन्ना छोटा है, घर में कोई है नहीं, छोड़ें भी किस पर? कौन-सी फिल्म देखी आपने?''

माया ने फिल्म का नाम बताया।

''अंग्रेजी की थी।'' भाभी बड़ी सचाई से बोली, ''भई हमें तो कुछ समझ में नहीं आती। दो-एक बार गये भी, पल्ले कुछ नहीं पड़ा,'' फिर रुककर भाभी ने पूछा, ''आप तो शायद बी.ए. होंगी?''

''जी नहीं, एम.ए.,'' आहिस्ता से माया ने कहा। भाभी ने एक लम्बी साँस ली, कुछ कहने को मुँह खोला, फिर रुक गयी। बात बदलकर कहा, ''खाना परोस लाऊँ, आपके लिए?''

“जी नहीं, नौकरानी ने बना रखा होगा। अब मुझे चलना चाहिए।

“कुछ देर तो रुकिए।” भाभी के स्वर में कुछ विशेष आग्रह नहीं था। माया जैसे एकदम उकता गयी। उठती हुई बोली, “अब चलूँ भाभी जी, कभी हमारी तरफ भी आइए।”

“कहूँगी उनसे, लाना न लाना उनके हाथ है।”

भाभी ने जल्दी से हाथ जोड़ दिये।

बाहर निकलते हुए माया को लगा कि वह बेकार ही आयी, भाभी को शायद काफी काम हो, पहुँचकर बाधा दी। घड़ी पर नजर डाली, सवा बारह बजे थे। कुछ-कुछ भूख भी लग आयी थी। बाँस का फाटक खोलकर बढ़ी ही थी कि चन्दर से भेंट हो गयी।

“अरे वाह, माया! किधर जा रही हो?”

पकड़े जाने पर माया ने रुककर कहा, “घर जा रही हूँ। आयी थी, आप मिले ही नहीं।”

“अब तो मिल गया। चलो, चलो अन्दर चलो। अपनी भाभी से मिली!”

“जी भाई साहब, अभी माफी चाहती हूँ। फिर आऊँगी।”

पर वह नहीं माने और बेतकल्लुफी से उसका हाथ पकड़ लिया और कहा, “नहीं, बिना खाना खाये नहीं जा सकोगी।”

माया ने हाथ छुड़ाने का प्रयत्न किया, पर चन्दन हाथ पकड़े-पकड़े ही अन्दर तक ले गये और जोर से पुकारकर कहा, “सुनो, एक मेहमान आये हैं।” भाभी चौके से बाहर आयी और देखा, फिर कहा, “मैंने तो पहले ही रुकने को कहा था,” फिर माया के मुख की ओर देखकर बोली, “हाथ तो छोड़ दो बेचारी का।” उसके कहने का ढंग ऐसा था कि चन्दन ने तुरन्त उसका हाथ छोड़ दिया, फिर कुछ अपराधियों की तरह कहा, खाने का इन्तज़ाम करो।”

“हो रहा है।” रुखाई से कहकर वह वापस चली गयी। चन्दन और माया ने स्पष्ट रूप से महसूस किया कि उसे प्रसन्नता नहीं हुई है।

माया ने फिर कहा, “भाई साहब, बेकार झंझट होगा, मेरी नौकरानी इन्तज़ार कर रही होगी।”

“झंझट क्या? खाना अभी बना जा रहा है।” स्वर ऊँचा कर उन्होंने पत्नी को पुकारा, “सुनो, जरा जल्दी कर दो।”

अन्दर से उत्तर आया, “कर रही हूँ। पहले जरा मुन्ने को नहला दूँ।”

तब माया जाकर उधर खड़ी हो गयी, कहा “भाभीजी, आपको परेशानी हो रही है, मैंने तो कहा था।”

भाभी धूप में बैठकर बच्चे को नहलाने की तैयारी कर रही थी। माया को भूख लगने लगी थी। जहाँ वह खड़ी थी, वहीं से झाँककर देखा, चूल्हा खाली था। बच्चा चीख-चीखकर रोता रहा, भाभी उसे साबुन लगाती रही। उसके ढंग से लग रहा था कि जैसे आज ही रगड़-रगड़कर बच्चे को गोरा कर देगी। माया बैठी-बैठी अपने को कोसती रही कि किस क्षण में उसने यहाँ आने को सोचा। आखिरकार भाभी ने बच्चे को पोंछकर कपड़े पहनाए और कपड़े पहनाकर पालने में लिटा दिया और कहा, ''जरा दही ला दीजिए, रायता बन जायेगा।''

''नहीं-नहीं,'' माया ने जल्दी से कहा, ''रायते की कोई जरूरत नहीं।''

पर भाभी ने नहीं सुना। चन्दन भाई साहब दही लाने को भेज दिये गये, भाभी चौके में जाकर खटर-पटर करने लगी। बच्चा रोता गया, माया ने उठकर उसे गोद में ले लिया। हिलाया, डुलाया, तो वह चुप हो गया। उसे कन्धे से लगाकर माया ने बरामदे में कई चक्कर लगाये, फिर देखा वह सो गया था, धीरे से लिटाया तो फिर वह जग गया। उसके चीखने से पहले ही माया ने उसे फिर कन्धे से लगा लिया और टहलने लगी। घूमते-घूमते उसके पैर थक गये, कन्धा दुखने लगा पर भाई साहब दही लेकर नहीं लौटे। भाभी रोटी बनाने का सारा आयोजन कर चूल्हे के पास पुचचाप बैठी थी। माया से कहा, ''देखो, जहाँ जाते हैं वहीं के हो रहते हैं। दो कदम पर बाजार है।'' फिर एकाएक उठती हुई बोली, ''जाने कब तक आयेंगे, मैं नहा लूँ। आप कहें तो आपको खाना परोस दूँ।''

''भाई साहब को आने दीजिए।'' माया ने कहा।

भाभी उठकर अन्दर गयी। गुसलखाना बन्द किया ही था कि भाई साहब आ गये। प्रश्न-भरी दृष्टि से इधर-उधर देखा। माया ने अपने-आप ही कह दिया, ''नहाने गयी हैं।''

''नहाने गयी हैं? यह नहाने का टाइम है, इनके सब काम उलटे होते हैं।'' कहकर दही उन्होंने रख दिया और बाहर से कुण्डी खड़काई। भाभी चुप रही। माया ने बच्चे को पालने पर लिटा दिया। इस बार वह सोता ही रहा। वह थकी थी और भाई साहब झुँझलाए, दो-एक बात कर दोनों चुप हो गये, और प्रतीक्षा करते रहे कि कब भाभी निकले।

भाभी साफ-सुथरी धोती पहनकर बाहर आयी, माथे पर बिन्दी लगाई। माँग में सिन्दूर छुआया। बिना किसी जल्दी के धीरे-धीरे चौके में आकर बैठ गयीं। रायता बनाया। चूल्हा फूँका। फिर उसने पूछा, ''कहाँ खायेंगे? चटाई बिछा लें, वह रखी है कोने में।''

माया ने चटाई बिछा ली, सेंडिल उतार डाले, हाथ धोकर चौके में गयी और

थालियाँ उठाकर बाहर ले आयी। दाल एकदम ठण्डी और पतली थी। रायते में काफी ज्यादा नमक। माया को बरबस चैती की बनाई नरम-नरम पूरियाँ और मेवे की खीर की याद आ गयी। खाने के बाद कुछ देर वह और बैठी। जब भाभी स्वयं भी खा चुकी, तब वह विदा लेकर आयी।

चैती शायद इन्तज़ार करते-करते थककर चली गयी थी। माया ने अपने पास की दूसरी चाभी से ताला खोला, घड़ी की सुइयाँ तीन पार कर चुकी थीं। कमरे की छाँह में मधुर शीतलता थी। माया ने सेंडिल उतार दिये। पर्स कुर्सी पर डाल दिया और चौके की तरफ गयी। खाना सब ढँका रखा था। पूरियाँ, सूखी मटर, दम आलू तथा गाढ़ी मेवे की खीर। लगता था कि चैती ने भी खाया नहीं था, कुपित हो भूखी ही घर चली गयी थी। माया वहाँ से गुसलखाने में गयी। उसकी आँखें जल रही थीं। सोचा कि ठण्डे पानी से धो ले। तब उसकी दृष्टि पड़ी उन कपड़ों पर, जिन्हें गरम पानी और साबुन में डुबाकर वह बिल्कुल भूल गयी थी। उसने झपटकर कपड़े अलग-अलग उठा लिए। एक ब्लाउज का पीला और हरा रंग निकलकर दूसरे ब्लाउजों और सफेद सिल्क की साड़ी में लग गया था। दोष अपना ही था, फिर भी न जाने क्यों उसे रोना आ गया। रेशमी ब्लाउज के कच्चे निकल जाने पर नहीं, बल्कि अपने ज़िन्दगी के पैटर्न पर, उसके खोखलेपन और सारहीनता पर। किसलिए वह घर-बार छोड़कर इतनी दूर आकर पड़ी थी, किसलिए वह सुबह से शाम तक कॉलेज में मगज़पच्ची करती थी। इसलिए कि ज़िन्दगी के दिन एक-एक करके गुजरते जायें और हर गुजरा हुआ दिन उसके जीवन का खालीपन और भी गहरा करता जाये और एक दिन वह सोचे कि इस जीवन में उसने क्या पाया, तो पता चले कि वह एक लम्बे अनन्त मरुस्थल की तरह था।

माया ने ब्लाउज फिर उन्हीं कपड़ों में डाल दिया और आकर औंधी ही पलंग पर पड़ गयी।

जब वह जगी तो कमरे में अँधेरा था। धूप न जाने कब की खिड़की की राह चली गयी। घड़ी की सुइयाँ अँधेरे में चमक रही थीं। रोते-रोते सो जाने से उसका सिर बुरी तरह दर्द कर रहा था। इतवार की शाम को चैती नहीं आती थी। माया ने उठकर पानी पिया और कमरे में बत्ती जला दी। मेज के पास जाकर कुर्सी पर बैठ गयी। मेज पर कापी खुली पड़ी थी। लाल पेंसिल के निशान चमक रहे थे। माया बहुत देर तक बैठी-बैठी खिड़की से बाहर देखती रही। आसमान में दो-एक तारे निकल आये थे। पड़ोस में दूध वाला बाल्टी खटका रहा था। दूध नापता हुआ मोटे-से एकरस स्वर में कह रहा था। "दो-तीन...चार...।" सीढ़ियों पर ऊपर-नीचे आते-जाते जूतों की आवाज आ रही थी। गुसलखाने में कपड़े

भीग रहे थे। चौके में ठण्डा खाना रखा हुआ था और कनपटी के पास एक शिरा बुरी तरह दुख रही थी।

धीरे-धीरे आकाश काला हो गया। तारों की ज्योति में उज्ज्वलता आ गयी। आने-जाने वालों का रव थम गया, माया एक साँस लेकर उठी। बिजली बुझाकर फिर पलंग पर लेट गयी। उसे पता था कि नींद रात में बहुत देर से आयेगी। फिर भी आँखें बन्द कर लीं।

कहीं घड़ी ने धीरे-धीरे आठ के घण्टे बजाना आरम्भ किया, माया ने करवट बदली। अगला दिन, काम का दिन...

कैलाश बनवासी

महत्त्वपूर्ण कथाकार। 10 मार्च 1965 को दुर्ग में जन्म। अपनी कहानियों में गाँव के यथार्थ को चित्रित करने में सिद्धहस्त कैलाश बनवासी के अब तक तीन कहानी संग्रह प्रकाशित हो चुके हैं। 'लक्ष्य तथा अन्य कहानियाँ', 'बाजार में रामधन' के अतिरिक्त इनका तीसरा कहानी संग्रह 'पीले कागज की उजली इबारत' अभी हाल ही में प्रकाशित हुआ है।

बाजार में रामधन

वर्तमान बाजारी सभ्यता की ओर प्रकाश डालने वाली समकालीन कहानी है कैलाश बनवासी की 'बाजार में रामधन'। लेखक ने एक छोटी-सी कैनवास में बाजारी युग के कई विचारणीय मुद्दों को हमारे सामने उजागर किया है। इस कहानी में रामधन अपने छोटे भाई को धन्धा करने के पैसे के लिए अपने बैलों को बेचने को मजबूर होता है। बैल उनके पिता के खरीदे हुए हैं, जिसे वह बेचना नहीं चाहता है। वह रोज़ मोल-भाव का बहाना करके बैलों को बिना बेचे बाजार से लौट आता है। उसे मोल-भाव करना नहीं आता। उसे अपना माल बेचना नहीं आता या फिर साफ बात है रामधन को अपने बैल बेचने नहीं है।

इस कहानी का रामधन वर्तमान बाजारी मानसिकता से अपरिचित पुरानी पीढ़ी का प्रतिनिधि है। शहरी मानसिकता वाले मुन्ना को बैल से रामधन के आत्म- सम्बन्ध को समझना मुश्किल है। बाजारवाद की अर्थसंरचना और उपभोगवादी संस्कृति को उद्घाटित करने वाली यह कहानी समकालीन हिन्दी कहानी जगत में अलग पहचान रखती है। भूमण्डलीकरण के बाजारी सभ्यता की सार्थक अभिव्यक्ति उनकी रचनात्मक क्षमता का प्रमाण है।

बाजार में रामधन

कैलाश बनवासी

यह बालोद का बुधवारी बाजार है।

बालोद इस जिले की एक तहसील है। कुछ साल पहले तक यह सिर्फ एक छोटा-सा गाँव हुआ करता था, जहाँ किसान थे, उनके खेत थे, हल-बक्खर थे, उनके गाय-बैल, कुएँ और तालाब थे, उनके बरगद, नीम और पीपल थे। पर अब यह एक छोटा शहर है—शहर की सारी खूबियाँ लिए हुए। आसपास के गाँव-देहातों को शहर का सुख और स्वाद देने वाला। इसी बालोद के हफ्तावार भरने वाले बुधवारी बाजार की बात है। रामधन अपने एक जोड़ी बैल लेकर यहाँ बेचने पहुँचा था।

बाजार अभी भरना बस शुरू ही हुआ था, वैसे भी ढाई-तीन बजे धूप में खरीदारी करने कौन निकलता है? इसके बावजूद यहाँ चारों तरफ रंगीनी और रौनक है। पता नहीं क्या बात है, रामधन जब भी यहाँ आता है, बाजार और शहर की रौनक को बढ़ा हुआ ही पाया है।

अपने बैलों को लेकर वह उधर बढ़ गया, जहाँ गाय-बैलों का बाजार भरता है। बैलों का यह कोई कम बड़ा बाजार नहीं है। बैलों का पूरा हुजूम मौजूद है। दो-ढाई सौ से भला क्या कम होंगे।

रामधन के चेहरे-मोहरे, उसकी चीकट बंडी और मटमैली धोती—जिसका मटमैला रंग किसी साबुन-पानी से नहीं धुलता—देखकर कोई भी सहज जान सकता है कि वह किस स्तर का आदमी है। रामधन के बारे में कुछ मोटी-मोटी जानकारी दे देना मैं उचित समझता हूँ। उमर होगी उसकी लगभग बत्तीस साल की। सम्पत्ति के नाम पर दो एकड़ खेत हैं, दो बैल और एक टूटता-फूटता पुरखौती कच्चा मकान। परिवार में बुढ़िया माँ है, पत्नी, दो बच्चे और एक छोटा भाई है—मुन्ना।

रामधन चौथी कक्षा तक ही पढ़ा हुआ है लेकिन मुन्ना को बारहवीं पास किये हुए दो साल गुजर चुके हैं। रामधन ने अपने छोटे भाई को कॉलेज नहीं पढ़ाया। कुछ तो इसलिए कि उनके सरीखे लोगों के पढ़ने-लिखने से कुछ होता-हवाता नहीं। दूसरी बात और असल बात—वही घर की आर्थिक तंगी। वैसे यह शब्द मैं जान-बूझकर प्रयोग नहीं करना चाहता था, लेकिन मुझे लगता है, यह एक बेहद गम्भीर और संवेदनशील शब्द है। मुझे यह भी लगता है कि दुनिया भर के वक्ताओं ने घसीट-घसीटकर दूसरे तमाम बड़े और महान शब्दों की तरह इसे भी ठस्स और निर्जीव बना डाला है। इसे लिखते हुए मुझे इस बात का डर है कि समाचारों में रोज़ जाने वाले शब्दों की तरह सस्ता और अर्थहीन न रह जाये।

ख़ैर! तो रामधन और उसकी पत्नी मेहनत-मजूरी करके ही अपना पेट पाल सकते हैं। और पाल रहे हैं। लेकिन मुन्ना क्या करे? वह तो यहाँ गाँव का पढ़ा-लिखा नौजवान है, जिसे स्कूली भाषा में कहें तो देश को आगे बढ़ाने वालों में से एक है। वह पिछले दो सालों से नौकरी करने के या खोजने के नाम पर इधर-उधर घूम रहा है परन्तु अब वह इनसे भी ऊब चुका है और कोई छोटा-मोटा धन्धा करने का इच्छुक है। लेकिन धन्धा करने के लिए पैसा चाहिए। और पैसा?

"भइया, बैलों को बेच दो!"

मुन्ना ने यह बात किसी खलनायक वाले अन्दाज़ में नहीं कही थी। उसने जैसे बहुत सोच-समझकर कहा था। इसके बावजूद रामधन को गुस्सा आ गया, "ये क्या कह रहा है तू?"

"ठीक ही तो कह रहा हूँ मैं! बेच दो इनको। मैं धन्धा करूँगा!"

रामधन को एक गहरा धक्का लगा था, अब यह भी मुँह उठाकर बोलना सीख गया है मुझसे। लेकिन इससे भी ज्यादा दुख इस बात का हुआ कि मुन्ना उसे बेचने को कह रहा है जो उनकी खेती का आधार है। रामधन ने बात गुस्से में टाल दी, "अगर कुछ बनना है, कुछ करना है तो पहले उतना कमाओ! इसके लिए घर की चीज क्यों खराब करता है? पहले कमा, इसके बाद बात करना! हम तेरे लिए घर की चीज नहीं बेचेंगे। समझे?"

लेकिन बात वहीं खत्म नहीं हुई। झंझट था कि दिन-पर-दिन बढ़ता जा रहा था।

"आखिर ये दिन भर यहाँ बेकार में बँधे ही तो रहते हैं। खेती-किसानी के दिन छोड़कर कब काम आते हैं? यहाँ खा-खाकर मुटा रहे हैं ये!" मुन्ना अपने तर्क रखता।

"अच्छा, तो हमारा काम कैसे चलेगा?"

"अरे, यहाँ तो कितने ही ट्रैक्टर वाले हैं, उसे किराये से ले आयेंगे। खेत जुतवाओ, मिंजवाओ और किराया देकर छुट्टी पाओ!"

"वाह! इसके लिए तो जैसे पइसा-कौड़ी नहीं देगा? दाऊ क्या हमारा ससुर है जो फोकट में ट्रैक्टर दे देगा?"

"लगेगा क्यों नहीं? क्या इनकी देखभाल में खरचा नहीं लगता?"

"लगता है, मगर तेरे ट्रैक्टर से कम! समझे? बात तो ट्रैक्टर की कर रहा है तू, मालूम भी है उसका किराया?"

"मालूम है इसलिए तो कह रहा हूँ। यहाँ जब बैल बीमार पड़ते हैं तो कितना ही रुपया उनके इलाज-पानी में चला जाता है, तुम इसका हिसाब किये हो? साला पैसा अलग और झंझट अलग!"

"मगर किसी की बीमारी को कौन मानता है?"

"तभी तो मैं कहता हूँ, बेचो और सुभीता पाओ!"

बातचीत हर बार अपनी पिछली सीमा लाँघ रही थी। कहने को तो मुन्ना यहाँ तक कह गया था कि इन बैलों पर सिर्फ तुम्हारा ही नहीं, मेरा भी हक़ है।

इस बात ने लाजवाब कर दिया था रामधन को। और अवाक्! कभी नहीं सोचा था उसने कि मुन्ना उसके जैसे सीधे-सादे आदमी से हक़ की बात करेगा। मुन्ना को क्या लगता है, मैं उसका हिस्सा हड़पने के लिए तैयार बैठा हूँ? रामधन खूब रोया था इस बात पर...अकेले में।

बैल उसके पिता के खरीदे हुए हैं, यह बात सच है। जाने किस गाँव से भागकर इस गाँव में आ गये थे बैल, तब ये बछड़े ही थे और साथ में बँधे हुए थे। किसी ने पकड़कर कांजी हाउस के हवाले कर दिया था उन्हें। नियम के मुताबिक़ कुछ दिनों तक उनके मालिक का रास्ता देखा गया ताकि जुर्माना लेकर छोड़ सकें। लेकिन जब इन्तज़ार करते-करते ऊब गये और कोई उन्हें छुड़ाने नहीं पहुँचा तो सरपंच ने इनकी नीलामी करने का फैसला किया था। यह संयोग ही था कि रामधन के गँजेड़ी बाप के हाथ में कुछ रुपये थे। और सनकी तो वह था ही। जाने क्या जी में आया जो दोनों बछड़े वहाँ से खरीद लाया। तब से ये घर में बँध गये और रामधन की निगरानी में पलने लगे। खेत जोतना, बैलगाड़ी में फाँदना, उनसे काम लेना और उनके दाना-भूसा का ख़याल रखना, उनको नहलाना-धुलाना और उनके बीमार पड़ने पर इलाज के लिए दौड़-भाग करना—सब रामधन का काम था। तब से ये बैल रामधन से जुड़े हुए हैं। इनके जुड़ने के बाद रामधन इतना ज़रूर जान गया कि भले ही बेचारों के पास बोलने के लिए

मुँह और भाषा नहीं है, लेकिन अपने मालिक के लिए भरपूर दया-माया रखते हैं। इनकी गहरी काली तरल आँखों को देखकर रामधन को यह लगता है, ये हमारे सुख-दुख को खूब अच्छी तरह समझते हैं—बिल्कुल अपने किसी सगे की तरह। तभी तो वह उन्हें इतना चाहता है। इतना लगाव रखता है।

इन्हें बेचने की बात उठी, तब से ही उसे लग रहा है, जैसे उसकी सारी ताकत जाने लगी है।

रामधन मुन्ना को समझा नहीं पा रहा था। वह समझा भी नहीं सकता था। अब कैसे समझाता इस बात को कि बैल हमारे घर की इज़्ज़त है...घर की शोभा है। और इससे बढ़कर हमारे पिता की धरोहर है। उस किसान का भी कोई मान है समाज में, जिसके घर एक जोड़ी बैल नहीं हैं! कैसे समझाता कि हमारे साथ रहते-रहते ये भी घर के सदस्य हो गये हैं। जो भी रूखा-सूखा, पेज-पसिया मिलता है, उसी में खुश रहते हैं। वह मुन्ना से कहना चाहता था, तुमको इनका बेकार बँधा रहना दिखता है मगर इनकी सेवा नहीं दिखती? इनकी दया-मया नहीं दिखती?

और सचमुच मुन्ना को कुछ दिखाई नहीं देता। उसके सिर पर तो जैसे भूत सवार है धन्धा करने का। रोज़-रोज़ की झिक-झिक से उसकी पत्नी भी तंग आ चुकी है—रोज़ के झंझट से तो अच्छा है कि चुपचाप बेच दो। न रहेगा बाँस, न बजेगी बाँसुरी!

मुन्ना कहने लगा है, "अगर तुम नहीं बेच सकते तो मुझसे कहो। मैं बेच दूँगा उन्हें बढ़िया दाम में!"

...बाजार की भीड़ अब बढ़ रही है। चारों तरफ शोरगुल और भीड़भाड़। यहाँ की रौनक देखकर रामधन को महादेव घाट के मेले की याद आयी। हर साल माघी पुन्नी के दिन भरने वाला मेला। वहाँ भी ऐसी ही भीड़ और रौनक होती है। पिछले साल ही तो गया था उसका परिवार। और पास-पड़ोस के लोग भी गये थे—जितने उसकी बैलगाड़ी में समा जायें। सब चलो! पूरी रात भर का सफ़र था। और जाड़े की रात। फिर भी मेले के नाम पर इतना उत्साह कि सब अपना कथरी-कम्बल सँभाले आ गये थे। रामधन को आज भी वह रात याद है—अँजोरी रात का उजाला इतना था कि हर चीज चाँदनी में नहा-नहा गयी थी—खेत, मेंड़, नहर, पेड़, तालाब ...जैसे दिन की ही बात हो।

उनके हँसने-खिलखिलाने से जैसे बैलों को भी इसका पता चल गया था, रात भर पूरे उत्साह और आनन्द से दौड़ते रहे...खनू-खनू-खनू-खनू...।

...गाय-बैलों का एक मेला-सा लग गया है यहाँ। हर किस्म के बैल। काले, सफेद, लाल, भूरे और चितकबरे और अलग-अलग काठी के बैल—नाटे, दुबले,

मोटे...ग्राहकों की आवाजाही और पूछताछ शुरू हो चुकी है। बैलों के बाजार में धोती-पटका वाले किसान हैं। सौदेबाजी चल रही है।

रामधन के बैलों को भुलऊ महाराज परख रहे हैं। आसपास के गाँवों में उनकी पण्डिताई खूब जमी हैं। चाहे ब्याह करना हो, सत्यनारायण की कथा करानी हो, मरनी-हरनी पर गरुड़-पुराण बाँचना हो—सब भुलऊ महाराज ही करते हैं। कुछ साल पहले तक तो कुछ नहीं था इनके पास। अब पुरोहिती जम गयी तो सब कुछ हो गया। खेती-बाड़ी भी जमा चुके हैं अच्छी-खासी।

महाराज बैलों के पुट्ठों को ठीक तरह से ठोंक बजाकर देखने के बाद बोले, "अच्छा रामधन, जरा इनको रेंगाकर दिखाओ। चाल देख लूँ।"

रामधन ने बीड़ी का धुआँ उगलकर कहा, "अरे, देख लो महाराज...तुमको जैसे देखना है, देख लो! हम कोई परदेसी हैं जो तुम्हारे संग धोखाधड़ी करेंगे।"

रामधन ने बैलों को कोंचकर हकाला, "हो...रे...रे...च्चल!" दोनों बैल आठ-दस डग चले फिर वापस अपनी जगह पर।

भुलऊ महाराज बगुला भगत बने बड़े मनोयोग से बैलों का चलना देख रहे थे—कहीं कोई खोट तो नहीं है! कहने लगे, "देखो भइया, मैं तो कुछ भी चीज लेता हूँ तो जाँच-परखकर लेता हूँ।"

"देखो न महाराज, रोकता कौन है? न मैं कहीं भाग रहा हूँ, न मेरे बैल। अच्छे-से देख लो। धोखाधड़ी की कोई बात नहीं है। फिर बाम्हन को दगा देकर हमको नरक में जाना है क्या?"

भुलऊ महाराज के चेहरे से लगा, रामधन के उत्तर से सन्तुष्ट हुए। बोले, "अच्छा, अब जरा इनका मुँह खोलकर दिखाओ। मैं इनके दाँत गिनूँगा।"

"अभी लो। ये कौन बड़ी बात है।" रामधन ने बीड़ी फेंककर अपने बैलों के मुँह खोल दिये। भुलऊ महाराज अपनी धोती-कुरता सँभालते हुए नजदीक आये और बैलों के दाँत गिनने लगे।

दाँत गिनते हुए महाराज ने पूछा, "तुम्हारे बैल कोढ़िया तो नहीं हैं?"

"तुम भी अच्छी बात करते हो महाराज! विश्वास नहीं है तो गाँव में पुछवा लो पाँच-परगट। सब पंच गवाही देंगे!"

"ठीक है भई, ठीक है। मान लिया। अब तुम कहते हो तो मान लेते हैं।" महाराज व्यर्थ ही हँसे, फिर अपने बन्द छाते की नोक को कसकर ज़मीन में धाँसा मानो अब सौदे की बात हो जाये। महाराज ने अपने को थोड़ा खाँस-खँखारकर व्यवस्थित किया, फिर पूछा, "तो बताना भाई, कितने में दोगे?"

रामधन विनम्र हो गया, "मैं तो पहले ही बता चुका हूँ मालिक..."

नाराजगी से भुलऊ महाराज का चन्दन और रोली का तिलक लगा माथा सिकुड़ गया, ''फिर वही बात! वाजिब दाम लगाओ, रामधन!''

''बिल्कुल वाजिब लगा रहा हूँ महाराज! भला आपसे क्या फायदा लेना।''

रामधन ने उसी नम्रता से कहा।

जाफरानी जर्दा वाले पान का स्वाद महाराज के मुँह में बिगड़ गया। पीक थूककर खीजकर बोले, ''क्या यार रामधन! जान-पहचान के आदमी से तो कुछ कम करो। आखिर एक गाँव-घर होने का कोई मतलब है कि नहीं? आँय!''

रामधन का जी हुआ कह दे, 'तुम तो लगन पढ़ने के बाद एक पाई कम नहीं करते। आधा-अधूरा बिहाव छोड़कर जाने की धमकी देते हो, अगर दक्षिणा तनिक भी कम हो जाये। गाँव-घर जब तुम नहीं देखते तो भला मैं क्यों देखूँ?' लेकिन लगा इससे बात बिगड़ जायेगी। उसने सिर्फ इतना ही कहा, ''नहीं पड़ेगा महाराज, मेरी बात मानो। अगर पड़ता तो मैं दे नहीं देता।''

भुलऊ महाराज अब बुरी तरह बमक गये और गुस्से से उनके पतले लम्बूतरे चेहरे की नरम झुर्रियाँ लहरा उठीं, ''तो साले, एक तुम्हीं हो जैसे दुनिया में बैल बेचने वाले? बाकी ये सब तो मुँह देखने वाले हैं! इतना गुमान ठीक नहीं है, रामधन!''

महाराज की तेज आवाज से आसपास के लोगों का ध्यान इधर ही खिंच गया। रामधन ने इस समय गजब की शान्ति से काम लिया, ''मैं कब कह रहा हूँ महाराज! तुमको नहीं पसन्द तो नहीं खरीदो, दूसरा देख लो। यहाँ तो कमी नहीं है जानवरों की।'' इतना तो रामधन भी जानता था कि ग्राहक भले ही गुस्सा हो जाये, बेचने वाले को शान्त रहना चाहिए।

महाराज गुस्से से थरथराते खड़े रहे। कुछ लोग आसपास घेरा बनाकर जमा हो गये, गोया कोई तमाशा हो रहा हो।

इधर-उधर घूमकर सहदेव फिर वापस आकर खड़ा हो गया था और सारा माजरा देखता रहा था चुपचाप। बोला, ''देखो रामधन, तुमको पोसा रहा है तो बोलो, मैं अभी खड़े-खड़े खरीद लेता हूँ।''

रामधन जानता है सहदेव को। यह गाँव-गाँव के बाजार घूमकर गाय-बैलों की खरीदारी से दलाली करता है। खरीदार के लिए विक्रेता को पटाता है और विक्रेता के लिए ग्राहक। ये बैल के पारखी होते हैं। सहदेव कुथरेल गाँव के भुवनेश्वर दाऊ के लिए दलाली कर रहा है।

रामधन अपने बैलों की तरफ पुआल बढ़ाता हुआ बोला, ''नहीं भाई, इतने कम में नहीं पोसाता सहदेव।''

रामधन का वही सधा हुआ और ठहरा हुआ टका-सा जवाब सुनकर जैसे महाराज की देह में आग लग गयी, "देख...देख...इसको! कैसा जवाब देता है? मैं कहता हूँ, अरे, कैसे नहीं पोसायेगा यार? सब पोसायेगा! देख, सब जगे सौदा पट रहा है..." झल्लाहट में महाराज के कत्था से बुरी तरह रचे काले-भूरे दाँत झलक गये।

"मैं तो कह रहा हूँ महाराज! हाथ जोड़कर कह रहा हूँ।" रामधन ने सचमुच हाथ जोड़ लिए, "आप वहीं खरीद लो!"

अब सहदेव भी बिदक गया, हालाँकि वह शान्त स्वभाव का आदमी है। बोला, "ले रे स्साले! ज्यादा नखरा झन मार! तेरे बैल बढ़िया दाम में बिक जायेंगे। देख, तेरे बैल खरीदने भुनेसर दाऊ खुद आये हैं।"

रामधन ने कुथरेल के भुनेश्वर दाऊ को देखा, जो सामने खड़े थे, सौदेबाजी देखते। अधेड़ दाऊ की आँखों में धूप का रंगीन चश्मा है, सुनहरी फ्रेम का। वे बड़े इत्मीनान और बेहद सलीके से पान चबाते खड़े हैं। भुलऊ महाराज की तरह गँवारूपन के साथ नहीं, जिनके होंठों से पान की पीक लगातार लार की तरह चू रही है।

रामधन को बहुत असहज लग रहा था...इस भीड़ के केन्द्र में वही है। और ऐसा बहुत कम हुआ है। सब पीछे पड़े हैं। एक क्षण को गर्व भी हुआ उसे अपने बैलों पर। उसने बैलों को पुचकार दिया और बैलों की गले की घण्टियाँ टुनटुना उठीं।

अब दाऊ ने अपना मुँह खोला, "देखो भाई, मुझको हल-बैल का कुछ नहीं मालूम। मैं तो नौकरों के भरोसे खेती करने वाला आदमी हूँ। बस, हमको बैल बढ़िया चाहिए—खूब कमाने वाला। कोढ़िया नहीं होना चाहिए बैल..."

रामधन ने अपने बैलों को दुलारा, "शक-सुबो की कोई बात नहीं है दाऊ! मैं अपने मुँह से इनके बारे में क्या कहूँ, गाँव के किसी भी आदमी से पूछ लो, वह बता देगा आपको। आप चाहो तो इनको दिन भर दौड़ा लो, पानी छोड़कर कुछ और नहीं चाहिए इनको।"

वहाँ खड़े-खड़े भुलऊ महाराज का धैर्य और संयम अब चुकने लगा था। बोले, "तीन हजार दो सौ दे रहा हूँ! नगद! और कितना दूँगा? ...साले दो टके के बैल! ...आदमी और कितना देगा?"

रामधन अटल है, "नहीं पड़ेगा महाराज! चार हजार माने चार हजार!"

अब महाराज के चेहरे पर गुस्सा, क्षोभ, तिलमिलाहट और पराजय का भाव देखने लायक था। लगता था भीतर-ही-भीतर क्रोध से दहक रहे हों और उनका

बस चले तो रामधन को भस्म करके रख दें।

अब सहदेव ने कहा, "देखो भाई, तुमको तुम्हारी आमदनी मिल जाये, तुमको और क्या चाहिए फिर?"

"अरे आमदनी की ऐसी की तैसी! मेरा तो मुद्दस नहीं निकलता मेरे बाप!" रामधन भी चिल्ला उठा।

भुलऊ महाराज को इस बीच जैसे फिर मौका मिल गया। अपना क्रोध निगलकर बोले, "ले यार, मैं नगद दे रहा हूँ तीन हजार तीन सौ! एक सौ और ले लो। ले चल। तुम्हीं ही खुश रहो। चल अब किस्सा खतम कर..."। भुलऊ महाराज अपनी रो में रस्सी पकड़कर बैलों को खींचने लगे, जबरदस्ती...

महाराज की इस हरकत पर जमा लोग हँस पड़े। सहदेव तो ठठाकर हँस पड़ा, "महाराज, ये दान-पुन्न का काम नहीं है। मैं इनके भाव जानता हूँ। जितना तुम कह रहे हो, उतने में तो कभी नहीं देगा! अरे घण्टा भर पहले मैं साढ़े तीन हजार बोला था। एक घण्टा तक इसके कुला में लेवना (मक्खन) लगाया। मुझको नहीं दिया तो तुमको कैसे दे देगा हजार तीन सौ में?"

जमा लोग फिर हँस पड़े। भुलऊ महाराज अपमानित महसूस करके क्षण भर घूरते रहे। फिर गुस्से से अपना गड़ा हुआ छाता उठाया और चलते बने।

महाराज के खिसकते ही भीड़ के कुछ लोगों को लगा, अब मजा नहीं आयेगा। सो कुछ सरकने को हुए। लेकिन अधिकांश अभी डटे हुए थे, किसी एक ग्राहक और तमाशे की उम्मीद में, उन तगड़े सफेद और भूरे बैलों को मुग्ध होकर निहारते हुए।

तभी भीड़ को चीरता हुआ चइता प्रकट हो गया। चइता इधर का जाना-माना दलाल है। विकट जिद्दी और सनकहा। अपने इस जिद्दी स्वभाव के भरोसे ही वह जीतता आया है। ऐसे सौदे कराने की कला में वह माहिर माना जाता है। सौदेबाजी में सफलता के लिए वह साम-दाम-दण्ड-भेद, हर विधि अपना सकता है। पैर पड़ने से लेकर गाली बकने तक की क्रिया वह उसी सहज भाव से निपटाता है।

उसके आते ही ठर्रे का तीखा भभका आसपास भर गया। वह सिर में लाल गमछा बाँधे हुए था। अधेड़, काला किन्तु गठीले शरीर का मालिक चइता।

आते ही दाऊ को देखकर कहेगा, "राम-राम दाऊ, का बात है?" वह अपनी आदत के मुताबिक जल्दी-जल्दी बात कहता है।

दाऊ ने अपनी शिकायत चइता के सामने रखी, "अरे देख ना चइता, साढ़े तीन हज़ार दे रहा हूँ, तब भी नहीं मान रहा है।"

"तुम हटो तो सहदेव, मैं देखता हूँ।" सहदेव को एक किनारे करता हुआ चइता आगे बढ़ गया। उसने बैलों को देखा और उनके माथे को छूकर प्रणाम किया। और बोला, "ठीक है दाऊ! मैं पटा देता हूँ सौदा। अब चिन्ता की कोई बात नहीं है, मैं आ गया हूँ।"

रामधन ने कहना चाहा कि इतने में नहीं पोसायेगा, लेकिन चइता इससे बेखबर था। उसे जैसे रामधन के हाँ अथवा ना की कोई परवाह ही नहीं थी। वह अपनी रौ में इस समय सिर्फ दाऊ से मुख़ातिब था, "दाऊ...तुम दस रुपया दो ...बयाना...मैं सब बना लूँगा, तुम देखते भर रहो।"

दाऊ ने दूसरे ही पल अपने पर्स से सौ का एक नोट निकाल लिया, "अरे दस क्या लेते हो, सौ रखो।"

रुपये लेकर चइता अब रामधन की तरफ बढ़ा। उसे ज़बरदस्ती रुपया पकड़ाने लगा, "अच्छा भाई, चल जा। बैलों के पैर छू ले। ये बयाना रख और सौदा मंजूर कर..."

"कितने में?" रामधन ने गहरे संशय से पूछा।

"साढ़े तीन हज़ार में।"

"ऊँ हूँ...नहीं जमेगा।" रामधन ने स्पष्ट कहा।

अब चइता अपने वास्तविक फॉर्म में उतर आया, जिद करने लगा, "अरे रख मेरे भाई और मान जा।"

रामधन ने विनम्र होने की कोशिश की, "नहीं भाई, नहीं पोसाता। देख, मेरी बात मान और जिद छोड़...मैं तुम्हारे पैर पड़कता हूँ।"

लेकिन चइता भभक गया, "अरे ले साले! कितने ही देखे हैं तेरे जैसे! चल रख और बात खतम कर!"

"नहीं-नहीं! चार हजार से एक पाई कम नहीं।" रामधन अपनी बात पर अटल था।

रामधन को परेशानी में फँसा देखकर सहदेव बचाव के लिए आया और चइता को समझाने लगा, "चइता, जब उसको नहीं पोसाता तो कैसे दे देगा, कुछ समझा कर!"

"देगा! ये देगा और तेरे सामने देगा! तुम देखते तो रहो।" चइता ने जमी हुई नजरों से सहदेव को देखा। वह फिर अपनी जिद पर उतर आया, "ले रख यार और मान जा! जा बैलों के पैर छू ले।" कोई प्रतिक्रिया रामधन के चेहरे पर नहीं देखकर वह फिर शुरू हो गया, "अच्छा, चल ठीक है! तुम मुझको एक पैसा भी दलाली मत देना। ये लो! तेरे बैल की कसम! बस्स! एक पैसा मत देना मेरे

को! और कोई तेरे से पैसा माँगेगा, उसकी महतारी के संग सोना! मंजूर? चल...''

अब रामधन को भी गुस्सा आ गया, ''मैं तुम्हारे को कितनी बार समझाऊँगा, स्साले! तुमको समझ नहीं आता क्या? नहीं माने नहीं। तू जा यार यहाँ से... जा...!''

लेकिन चइता भी पूरा बेशरम आदमी ठहरा। वह इतनी जल्दी हार मानने वाला नहीं था, ''अच्छा, आखिर मुझको सौ-दो सौ रुपया देगा कि नहीं? आँय? मत देना मेरे को! मैं समझूँगा जुए में हार गया या दारू में फूँक दिया। अरे, मैं पिया हुआ हूँ इसका ये मतलब थोड़ी है कि गलत-सलत भाव करने लगूँगा। मेरी बात मान, इससे बढ़िया रेट तेरे को और कोई नहीं देगा, माँ कसम!'' उसने ज़मीन की मुट्ठी भर धूल उठाकर माथे पर लगा ली।

लेकिन चइता के इतने हथियार आजमाने के बावजूद वह बेअसर रहा। अपनी जिद पर कायम रहा, चार हजार बस्स...

अब चइता ने हार मान ली। वह गुस्से में फुँफकारता और रामधन को अंड-बंड बकता हुआ चला गया। और भीड़ में खो गया।

चइता के जाते ही भीड़ छँटने लगी। अब वहाँ किसी दूसरे तमाशे की उम्मीद नहीं रही, क्योंकि शाम धीरे-धीरे उतर रही थी। इस समय पश्चिम का सारा आकाश लालिमा से भर उठा था और सूरज दूर पेड़ों के झुरमुट के पीछे छुपने की तैयारी में था।

बाजार की चहल-पहल धीरे-धीरे कम हो रही थी।

रामधन ने अपनी बंडी की जेब से बीड़ी निकालकर सुलगा ली। वह आराम से गहरे-गहरे कश लेने लगा। तभी सहदेव उसके पास आ गया। उसकी बीड़ी से अपनी बीड़ी सुलगाई। फिर धीरे-धीरे कहने लगा, ''ठीक किये रामधन! बिल्कुल ठीक किये। इन साले दाऊ लोगों को गाय-बैल की क्या कदर? साला दाऊ रहे चाहे कुछु रहे—अपने घर में होगा। हम आखिर बैल बेचने आये हैं, किसी बाम्हन को बछिया दान करने नहीं आये हैं। ठीक किया तुमने।''

सुनकर अच्छा लगा रामधन को। उसने सहदेव से विदा माँगी, ''अब जाता हूँ भइया, दूर का सफ़र है। गाँव पहुँचने तक साँझ हो जायेगी। चलता हूँ।'' और अपने बैलों को लेकर चल पड़ा।

यह लगातार तीसरा मौका है जब रामधन हाट से अपने बैलों के साथ वापस लौट रहा है—उन्हें बिना बेचे। रामधन जानता है, गाँव वाले उसके इस उजबकपने पर फिर हँसेंगे। घर में पत्नी अलग चिड़चिड़ायेगी और मुन्ना फिर गुस्सायेगा।

गाँव के लोगों को अब इसका पता चला है, वे अकसर उससे पूछ लेते हैं, ''कैसे हो रामधन, तुम तो कल बैल लेकर हाट गये थे, क्या हुआ? बैल बिके नहीं?''

वे रामधन पर हँसते हैं, ''अच्छा आदमी हो भाई तुम भी। इतने बड़े बाजार में तुमको एक भी मन का ग्राहक नहीं मिला!'' कुछेक अनुमान लगाते हैं, शायद रामधन को बाजार की चाल-ढाल नहीं मालूम। उसे मोल-भाव करना नहीं आता। उसे अपना माल बेचना नहीं आता या फिर साफ बात है रामधन को अपने बैल बेचने नहीं हैं।

प्रिय पाठको, अब आप यह दृश्य देखिए और सुनिए भी!

रामधन अपने बैलों की रस्सी थामे, बीड़ी पीते हुए चुपचाप लौट रहा है। पैदल, साँझ खूब गहरा चुकी है और अँधेरा चारों ओर घिर आया है। वह किसी गाँव के धूल अटे कच्चे रास्ते से गुजर रहा है। अब आप ध्यान से देखेंगे तो पायेंगे, वे दो बैल और रामधन नहीं, बल्कि आपस के तीन गहरे साथी आ रहे हैं। हाँ, तीन गहरे साथी। बैलों के गले की घण्टियाँ आसपास की खामोशी को तोड़ती हुई, उनके चलने की लय में आराम से बज रही हैं–टुन-टुन-टुन-टुन...क्या आप सिर्फ यही सुन रहे हैं? तो फिर गलत सुन रहे हैं। आप ध्यान से सुनिए, वे आपस में बातें कर रहे हैं...जी नहीं, मैं कोई कविता या किस्सा नहीं गढ़ रहा हूँ। आपको विश्वास नहीं हो रहा होगा। लेकिन आप मानिए, इस समय सचमुच यही हो रहा है। यह तो समय-समय की बात है कि आपको यह कोई चमत्कार मालूम हो रहा है।

उसके बैल पूछ रहे हैं, ''मान लो अगर दाऊ या महाराज तुम्हें चार हजार दे देते होते तो तुम क्या हमें बेच दिये होते?''

रामधन ने जवाब दिया, ''शायद नहीं। फिर भी नहीं बेचता उनके हाथ तुमको।''

''बेचना तो पड़ेगा एक दिन!'' बैल कह रहे हैं, ''आखिर तुम हमें कब तक बचाओगे, रामधन? कब तक?''

जवाब में रामधन मुस्कुरा दिया–एक बहुत फीकी और उदास मुस्कान... अनिश्चितता से भरी हुई। रामधन अपने बैलों से कह रहा है, ''देखो...हो सकता है अगली हाट में मुन्ना तुम्हें लेकर आये।''

बीड़ी का यह आखिरी कश था और वह बुझने लगी।

कुमार अंबुज

कुमार अंबुज का जन्म सन् 1957 में मध्य प्रदेश के मँगवार गाँव में हुआ। हिन्दी साहित्य में कुमार अंबुज की उपस्थिति कवि के रूप में है, लेकिन कथा साहित्य में भी उनका योगदान महत्वपूर्ण है। उनकी पन्द्रह कहानियों का संकलन 'इच्छाएँ' शीर्षक से सन् 2008 में प्रकाशित हुआ है। कुमार अंबुज किसी परम्परा के कहानीकार नहीं हैं, बल्कि वे स्वयं एक नयी परम्परा को बनाने वाले कहानीकार हैं। इसलिए उनकी कहानियों में नये कथानक, नया शिल्प-विधान, नये-नये जीवन्त पात्र और नये-नये अनुभवों का वर्णन हुआ है। उनकी कहानियाँ मनुष्य जीवन में प्रतिदिन घटित होने वाली घटनाओं को बड़ी बारीकी के साथ प्रस्तुत करती हैं। 'इच्छाएँ' संकलन की अधिकांश कहानियाँ व्यक्ति के मन में दृढ़ इच्छाशक्ति पैदा करती हैं, अपने समय एवं समाज की सही पड़ताल करती हैं तथा अपने समय एवं समाज से लोगों की पहचान कराती हैं। आदमी की नीयत और उसके दोहरे चरित्र को पर्दाफाश करने में उनकी कहानियाँ सक्षम हैं।

माँ रसोई में रहती है

'माँ रसोई में रहती है' उनकी सबसे चर्चित कहानियों में एक है जिसमें कहानीकार ने स्त्री-जीवन की सूक्ष्म संवेदनाओं एवं भावनाओं का चित्रण किया है। यह कहानी उत्तम पुरुष-शैली में लिखी गयी है। रात तीन बजे जब कहानीकार की नींद खुली तो उसने देखा कि माँ रसोई में बर्तन निकाल रही है। कहानीकार के पूछने पर माँ बताती है कि मैं अभी-अभी उठी हूँ, और मैं इतना ही सोती हूँ। कुछ दिनों बाद रात को एक-डेढ़ बजे कहानीकार की नींद टूटी तो उसे मालूम हुआ कि रसोई में कोई है। उसने देखा कि माँ रसोई में एक स्टूल पर बैठकर अखबार पढ़ रही है। कहानीकार के पूछने पर माँ ने कहा कि मुझे नींद नहीं आ रही थी

तो यहाँ बैठकर अखबार पढ़ने लगी। फिर ऐसा अनेक बार हुआ। जब कभी रात में कहानीकार की नींद खुलती—बारह बजे, दो बजे, चार बजे या सुबह-सुबह पाँच बजे—उसे माँ रसोई में ही मिलती है और हर बार वह किचन में होने का कोई-न-कोई बहाना बनाती है। उसका सारा काम रसोई से सम्बन्धित होता है। इस कहानी में कहानीकार ने सदियों से रसोई में दम घुटने वाली माताओं के प्रति अपनी संवेदनाएँ प्रकट की है। वे रसोई से बाहर निकलना तो चाहती है, मगर उन्हें मुक्ति नहीं मिलती। कहानी की माँ हमेशा रसोई में ही रहती है, यह भी प्रतिरोध का एक तरीका है। कहीं प्रतिरोध ऐसा भी होता है जिसका हमें विरोध करना है, कभी हमें उसे आत्मसात करना पड़ता है क्योंकि हम उसके सामने इतना निःसहाय हो जाते हैं। जिन स्थितियों से हमें मुक्ति नहीं मिलती है, उन्हें चुपचाप स्वीकार करना भी प्रतिरोध का एक अलग रवैया होता है। कहानी की भाषा बहुत ही सहज एवं संवेदनशील है। इसमें व्यंग्यात्मकता, सहजता, सरलता एवं नैतिकता अपने पूरे अर्थ के साथ मौजूद है।

माँ रसोई में रहती है

कुमार अंबुज

रात करीब तीन बजे मेरी नींद खुली।

कुछ खटर-पटर की आवाज आयी, जाकर देखा तो माँ रसोई में कोई बर्तन निकाल रही थी। मुझे देखकर वह चौंक गयी। फिर हँसकर कहने लगी, ''अभी सुबह होने में देर है, तुम सो जाओ।'' उसकी दन्त-पंक्ति बहुत लुभावनी थी।

मैंने अपनी अलसाई हालत में पूछा, ''तुम इतनी रात में क्या कर रही हो? क्या सोई नहीं?''

''अरे, सोई क्यों नहीं! अभी तो उठी हूँ।''

''तुम रात ग्यारह बजे तक जाग रही थीं।'' मैंने कुछ अचरज से कहा।

''हाँ, तो क्या हुआ। मैं इतना ही सोती हूँ। तुम जाकर सो जाओ।''

कुछ दिनों बाद मैं यकायक रात में एक-डेढ़ बजे उठ बैठा। कोई सपना टूटा था या कोई से आवाज आयी थी। थोड़ी देर में लगा कि रसोई में कोई है। लाइट जल रही थी। जाकर देखा, माँ स्टूल पर बैठकर अखबार पढ़ रही थी। मुझे देखकर कुछ घबरा गयी लेकिन तुरत ही संयत होकर पूछने लगी, ''पानी पीना है?'' और जवाब का इन्तज़ार किये बिना ही उलीचना लेकर गिलास में पाली डालने लगी। पानी पीकर मैंने पूछा, ''माँ तुम अभी तक सोई क्यों नहीं?''

''बस, नींद नहीं आ रही थी तो यहाँ बैठकर पढ़ने लगी। सो जाऊँगी।''

''यह कोई बात हुई! जब देखो, तब आधी रात में भी किचन में बैठी रहती हो।''

''क्यों! क्या रसोईघर में नहीं बैठा जा सकता? मुझे यहीं बैठना अच्छा लगता है।''

''ठीक है।'' मैंने हारकर कहा, ''चलो, अब सो जाओ।''

''तुम जाकर सोओ। मैं यह आखिरी पेज पढ़कर आती हूँ।''

फिर ऐसा अनेक बार हुआ। जब कभी रात में नींद खुलती–बारह बजे, दो बजे, चार बजे या सुबह-सुबह पाँच बजे–वह मुझे किचन में मिलती। कभी कहती है कि दही जमाने के लिए दूध रखना भूल गयी थी। अभी पाँच मिनट में सोने जा रही हूँ। कभी बताती कि अरे, ध्यान आया कि घर में सब्जी नहीं है, सुबह के लिए चने भिगो रही हूँ या यह कि आटा फ्रिज में रखना भूल गयी थी। एक रात देखा कि बारह बजे, रसोई की दीवार पर लगे कैलेंडर पर दूध का हिसाब लिख रही थी। पूछने पर जवाब दिया कि रोज़ लिखती हूँ कितना दूध लिया। आज भूल गयी थी, अभी याद आया तो लिख रही हूँ। कभी गुस्सा जताती है, ''मैं जैसे ही रात में किसी काम से उठती हूँ, तू पीछे-पीछे चला आता है।''

यह तो अकसर ही कहती कि बस, पानी पीने के लिए उठी थी, ठण्डी हवा आ रही थी तो यहाँ खिड़की के पास खड़ी हो गयी।

रसोई में दक्षिण दिशा की तरफ एक छोटी-सी खिड़की थी।

एक बार मैं घबरा ही गया। रात कोई दो-ढाई बजे का वक्त होगा। माँ अपने कमरे में नहीं थी। केवल पिता जी चित पड़े हुए खर्राटे ले रहे थे। बाथरूम में भी नहीं थी। किचन में और बैठक में अँधेरा था। बाहर का दरवाजा अन्दर से बन्द था। मैं चिल्लाया, ''माँ! कहाँ हो तुम!''

माँ किचन में अँधेरे में से बाहर निकलकर आयी, ''क्यों, क्या बात है इतनी जोर से आवाज क्यों दे रहे हो? मैं डर गयी। जरा धीरे बोलो, सब लोग जाग जायेंगे।''

''ओफ्फो माँ! डर तो मैं गया था कि तुम न जाने कहाँ चली गयीं?''

''मैं कहाँ जाऊँगी! यहीं रसोई में थी।''

''मैंने सब जगह देख लिया था। रसोई में घुप्प अँधेरा था।''

''तुम्हें लगता होगा अँधेरा। मुझे सब दिखता है। मैं पानी पीने आयी थी। खिड़की से बाहर देखने लगी। आज शायद सप्तमी है।''

मुझे गुस्सा आया। लेकिन मैं क्या कर सकता था। जाकर सो गया।

बाहर से लौटकर आओ तो अकसर माँ ही दरवाजा खोलने आती लेकिन सीधे रसोई में से आना और वापस रसोई में चले जाना। कभी अचानक उमगकर कहती, ''तू अच्छा आ गया। जरा स्टूल पर चढ़कर पापड़ का डिब्बा उठा दे।'' उसके सारे काम

रसोई से सम्बन्धित होते हैं। और उसके अपने सभी काम भी रसोई में ही सम्पन्न होते हैं। ब्लाउज के हुक टाँकने से लेकर गेहूँ फटकने तक के सारे काम। साल में एक-आध बार मौसी या बुआ को पत्र लिखती है तो वहीं रसोई में बैठकर, गोद में कोई किताब रखकर, कॉपी के पन्ने पर। बगल की चाची जी या पड़ोस की लड़कियाँ अकसर ही घर में आते हैं, उन्हें भी वह रसोई में ही बैठाती है। एक छोटी-सी चटाई है, जो कभी टूटती-फटती ही नहीं है। चाची जी, अलका और मधु कई बार माँ से कह चुके हैं कि माँ की रसोई बहुत अच्छी है। मोहल्ले भर में सबको खबर है। करीने से जमी हुई और साफ-सुथरी।

माँ फुरसत में कभी अकेली बैठी दिखेगी भी तो अपने प्रिय एक फुट ऊँचे स्टूल पर, वहीं रसोई में। यह स्टूल मेरे जन्म से भी पहले का है या फिर थोड़ी देर के लिए खिड़की पर खड़ी दिखेगी। कहीं खोयी हुई, खिड़की के पार न जाने क्या देखती हुई। मुझे लगता है दक्षिण दिशा का पूरा आकाश उसे पता है। उधर कितने तारे हैं, कौन से नक्षत्र, कितने ग्रह। सूरज वहाँ से किस मौसम में कब गुजरता है और चाँद कितनी कलाओं में खिलता है, उसे मालूम है। उस दिशा के आसमान के रंग और बादलों के रूप, वह सब जानती है। हवा से, आकाश से मौसम का अन्दाज़ा लगा सकती है या क्या पता वह यह सब देखती ही न हो। केवल दूर दिखते उन तीन-चार पेड़ों की पत्तियों को देखती हो या फिर सिर्फ साँस लेने के लिए ही खड़ी होती हो। उससे उसके बारे में कोई बात मालूम करना हमेशा कठिन होता है। वह बहला सकती है और इस तरह कि आपको लगेगा नहीं कि बहला रही है।

उसे रसोई से बाहर बुलाने की क़वायद अकसर ही बेकार जाती है। आवाज लगाकर पूछो कि बेल्ट, मोजे या घड़ी कहाँ है, इस उम्मीद में कि माँ इसी बहाने इधर आयेगी लेकिन वह रसोई से ही हर चीज बता देगी। बीच के दराज में पीछे की तरफ देखो या कहेगी तकिये के नीचे या उधर दरवाजे के पीछे की कील पर। उसकी पसन्द का कोई गाना रेडियो पर आ रहा होगा तो वहीं से कहेगी, ‘‘रेडियो की आवाज थोड़ा तेज करो, यहाँ रसोई तक आवाज नहीं आ रही है।’’

छुट्टी का दिन था। मैं दोपहर डेढ़ बजे खाना खाकर सोने चला गया। छोटा भाई क्रिकेट मैच खेलने गया था। साढ़े तीन बजे सोकर उठा तो देखा माँ किचन में बैठी चावल बीन रही थी। मैं उसके गले से लिपट गया और लाड़ में भरकर कहने लगा, ‘‘यह क्या। दिन-रात काम-ही-काम। कुछ-न-कुछ करते रहना। कभी आटा छान रही हो, कभी पानी, कभी दूध। कभी यह गरम कर रही हो, कभी उसे ठण्डा कर रही हो। कभी बीनती हो, कभी फटकती हो। कुछ काम नहीं रहता तो नारियल कसने लगती हो या मसालों के डिब्बे बदलती रहोगी। पकाना,

बघारना तो करती ही हो। सब्जी काटकर ढेर लगा देती हो। अब ये चावल लेकर बैठ गयी हो। अखबर पढ़ने, चिट्ठी लिखने तक का काम यहीं बैठकर करती हो। मुझे यह सब अच्छा नहीं लगता। बाई बर्तन माँजती है, तब भी तुम यहीं किचन में रहती हो। अपने कमरे में जाकर आराम क्यों नहीं करतीं। बैठक में ही आराम कर लिया करो।''

''देख, तू कुछ नहीं समझेगा। ये सारे काम पहले से करके रखने पड़ते हैं। एकदम से कोई दाल-चावल-सब्जी कैसे बना देगा। जब भूख लगती है तो एकदम से लगती है। बाई से मैं बातें कर लेती हूँ। उसको कुछ बचा-खुचा देती हूँ। कभी उसे चाय भी बनानी पड़ती है। ये थोड़े-बहुत काम करने ही पड़ते हैं। कौन करेगा इन्हें? और फिर मैं सोती तो हमारे कमरे में ही हूँ। बैठक में बैठना-लेटना मुझे बिलकुल पसन्द नहीं। इतना आना-जाना होता है कि वहाँ दो मिनट भी आराम नहीं किया जा सकता। मेरा काम रसोई में ही चल जाता है। यहाँ मुझे शान्ति रहती है।'' मेरे सिर पर हाथ फेरते हुए बालों को सहलाते, दुलारते हुए उसने जवाब दिया। इस उम्र में भी उसके केश काले और लम्बे हैं।

वह इस तरह बात करेगी कि जैसे मैं चार-पाँच साल का बच्चा हूँ और कुछ समझने लायक नहीं हूँ। हर एक जिरह के बाद, मुझे भी लगता है कि वाकई मैं उसके आगे नासमझ हूँ।

एक दिन शाम को देखा कि स्टूल दीवार से सटा है। माँ स्टूल पर बैठी है। उसकी गोद में थाली है, जिसमें आधी लौकी छीली हुई रखी है और वहीं चाकू पड़ा है। माँ का सिर कुछ पीछे होकर दीवार से लग गया है और माँ सो रही है। उसके चेहरे पर विश्रान्ति थी और गहरी साँसें ले रही थी। मैं कुछ देर खड़ा सोचता रहा कि माँ को जगाऊँ या नहीं। पलटकर जाने ही वाला था कि माँ ने एकदम से आँखें खोल लीं और पूछने लगी, ''क्यों, क्या चाहिए?''

मैंने माँ को गौर से देखते हुए कहा, ''माँ तुम इतना थक जाती हो लेकिन यहीं रसोई में बनी रहती हों, उधर अपने कमरे में बिस्तर पर कुछ देर आराम क्यों नहीं करतीं। देखो, तुम अभी-अभी यहाँ थककर सो गयी थीं।''

''नहीं, मैं सोयी नहीं थी। मुझे कभी-कभी दीवार से सिर टिकाकर आँख बन्द करना अच्छा लगता है। मैं बिल्कुल नहीं थकी हूँ। क्या चाहिए तुझे?''

''आजकल स्त्रियाँ क्या-क्या काम नहीं करतीं। तुम कभी-कभार बाहर भी घूम आया करो। यहाँ इस पिंजरे में क्यों बन्द रहती हो!'' मैंने बिलबिलाकर कहा।

''मैं घूम आती हूँ। तू ध्यान नहीं देता। सब जगह जाती हूँ। उधर बाहर बगीचे में भी। तुम लोग जब घर में नहीं होते, मैं बहुत घूमती-फिरती हूँ। कई

बार गयी हूँ दूर-दूर तक।'' उसकी आवाज जैसे रसोई के कोने में रखी गेहूँ की टंकी में से आ रही थी।

मुझे उसकी बात कुछ समझ में आयी, कुछ नहीं आयी। फिर वह हँसकर कहने लगी, ''शुरू में बेचैनी होती थी मगर अब मुझे घर का काम करना ही अच्छा लगता है। घर में ही इतना घूमना-फिरना हो जाता है कि कहीं और जाने की जरूरत नहीं लगती। कहते हैं कि मैं अपनी माँ पर गयी हूँ। उसे भी सही सब अच्छा लगता था।''

''तुम्हारी बेटी होती तो तुम उसे भी अपने जैसा ही बना देती।''

''सबको सब मिलकर बनाते हैं। हम सब। बेटियाँ भी इसी तरह बन जाती हैं। लेकिन आज के जमाने में क्या कह सकते हैं! शायद वह कुछ अलग होती। कुछ अलग बन जाती।'' वह खुश थी या उदास या नाराज। कुछ पता नहीं चला।

मैं चुपचाप अपने कमरे में चला गया।

थोड़ी देर बाद किचन के सामने से गुजरा। देखा कि माँ किचन के प्लेटफॉर्म पर चढ़ी हुई है और टाँड पर से कोई डिब्बा उठाने की कोशिश कर रही है।

''माँ, हद करती हो तुम! मैं घर में हूँ न! मुझसे कहो, क्या उठाना है।'' मैं चिल्लाया।

''दिन भर में कई बार चीजें उठानी-रखनी पड़ती हैं। तुझसे कहाँ तक कहूँ।''

फिर वह प्लेटफॉर्म से ज़मीन पर लगभग कूद ही गयी और एकदम दर्द से अपने बायें पैर की एड़ी पकड़कर कराहने लगी। मैंने उसे सँभालकर वहीं स्टूल पर बैठाया। बोली, ''लगता है एड़ी में मोच आ गयी।''

''हाँ, इस तरह कूदोगी तो और क्या होगा। मैं उतार देता न!''

''थोड़ी-सी मोच होगी। पाँव मुड़ गया। होता रहता है। चल, उधर से मसालेदानी उठाकर मुझे दे।''

फिर वह वहीं स्टूल पर बैठकर हल्दी की पुलटिस तैयार करने लगी।

उसी रात बीच में जब मेरी नींद खुली तो मैंने दूर से ही देखा कि खिड़की से रसोई में रोशनी आ रही थी और उस दूधिया रोशनी में माँ खिड़की पर खड़ी थी। एकदम सीधी, तनी हुई। उसके पाँव में किसी मोच या चोट का असर नहीं था। वह खिड़की के पार देख रही थी। शायद चाँद, शायद पेड़। शायद कुछ नहीं। फिर वह धीरे से मुड़ी और स्टूल पर बैठ गयी। उसने दीवार से सिर टिका लिया और आँखें बन्द कर लीं।

□□